JN029263

INTERNAL AUDIT CASES OF INSURANCE AGENCIES

保険代理店の内部監査事例

吉田 桂公〔著〕

YOSHIDA yoshihiro

一般社団法人 金融財政事情研究会

はじめに

　筆者は、これまで多くの保険代理店の監査を行ってきましたが、そのなかで、いくつかの共通した課題事例等をみることがあります。こうした他代理店における事例は、自社の態勢を整備するうえでも参考になると思われます。本書に掲載したこれらの事例が、保険代理店の皆さまが自立的・自律的な態勢を整備し、顧客本位の業務運営を実施していく一助になれば幸いです。

　なお、本書に掲載した事例およびそれに対する評価は、あくまでも筆者の監査経験に基づくものであり、金融当局検査・モニタリングに基づくものではない点に、ご留意ください。

2023年5月

吉田　桂公

■本書で用いる用語の定義

・「経営管理（ガバナンス）態勢」：適切な内部管理の観点から、各役職員および各組織がそれぞれ求められる役割と責任を果たし、経営管理（ガバナンス）が有効に機能していること

・「法令等遵守態勢」：保険代理店業務に必要な法令（保険業法、保険法、消費者契約法、金融サービスの提供に関する法律、金融商品取引法、犯罪収益移転防止法（犯罪による収益の移転防止に関する法律）、個人情報保護法（個人情報の保護に関する法律）、景品表示法（不当景品類及び不当表示防止法）、会社法等）のほか、条例（暴力団排除条例等）、当局が定めたガイドライン等（保険会社向けの総合的な監督指針、金融分野における個人情報保護に関するガイドライン等）、自社で定めた内部規程等の遵守が有効に機能していること

・「保険募集管理態勢」：保険募集に関する法令等の遵守を確保し、適正な保険募集を実現するために必要となる管理が有効に機能していること

・「顧客サポート等管理態勢」：顧客からの問合せ、相談、要望、苦情および紛争への対処が適切に処理されることの確保が有効に機能していること

・「顧客情報管理態勢」：顧客の情報が漏えい等防止の観点から適切に管理されることの確保が有効に機能していること

・「外部委託管理態勢」：保険代理店の業務が外部委託される場合における業務遂行の的確性を確保し、顧客情報や顧客への対応等が適切に実施されることの確保が有効に機能していること

■略　　語

・金融庁「保険会社向けの総合的な監督指針」（2023年3月）⇒　監督指針

・「平成26年改正保険業法（2年以内施行）に係る政府令・監督指針案」に対するパブリックコメントの結果（2015年5月27日）⇒　改正保険業法パブコメ結果

・関東財務局「管内保険代理店ヒアリング実施結果〜保険代理店との対話を通じて「見て、聞いて、感じた」こと。」(2020年6月19日) ⇒ 関東財務局ヒアリング結果
・金融庁「コンプライアンス・リスク管理に関する検査・監督の考え方と進め方（コンプライアンス・リスク管理基本方針）」(2018年10月) ⇒ コンプライアンス・リスク管理基本方針
・金融庁「コンプライアンス・リスク管理に関する傾向と課題」(2020年7月一部更新) ⇒ 傾向と課題

※ 本書では、原典からの引用部分等を除き、「体制」は組織体制そのもの、「態勢」は内部規程や組織体制の機能が実際に発揮されている状態にあるもの、との意味で使用しています。「態勢」の整備まで行うことが求められていますので、ご留意ください。

目　次

Ⅲ　法令等遵守態勢

Ⅳ　保険募集管理態勢

Ⅴ 顧客サポート等管理態勢

Ⅵ 顧客情報管理態勢

Ⅶ　外部委託管理態勢

I

「コンプライアンス」とは何か

「法令遵守」ではなく「法令等遵守」

　「コンプライアンス」を日本語に訳す場合、一般に、「法令遵守」と「法令等遵守」の2つの訳語があげられますが、どちらが正しいでしょうか。

　筆者は、「法令等遵守」が正しいと考えます。監督指針でも「法令等遵守」が用いられています（同「Ⅱ－4－1コンプライアンス（法令等遵守）態勢」など）。

　「等」が入ることで、「『法令』の遵守だけでは不十分である」という意味が明確になります。この視点は非常に重要です。

 ## 「コンダクト・リスク」にまで視野を広げる

　保険代理店の方々から、「こういう営業方法を考えているのだが、保険業法上問題ないか」といった質問をいただくことがあります。そのなかで感じるのは、もちろん法律を守ることは必須であり重要ではありますが、それだけにとどまっていないか、ということです。自ら"顧客の立場"に立ってみたときに、それは適切なやり方なのか（つまり、"適法"ではあるものの、顧客としてみたときに、"適切な"取組みといえるのか）という視点が欠けていると思われることが少なくありません。

　ここで有用な視点が、「コンダクト・リスク」という考え方です。コンプライアンス・リスク管理基本方針では、「コンダク

ト・リスク」について、「法令として規律が整備されていないものの、①社会規範に悖る行為、②商慣習や市場慣行に反する行為、③利用者の視点の欠如した行為等につながり、結果として企業価値が大きく毀損される場合が少なくない」と指摘しています。法律はさまざまな社会的事実を背景としてつくられますが、国会での審議等を経る必要があり、どうしても制定・改正には時間がかかります。こうしたなかで、法律だけに目を向けていては、常に変化する世の中の動きや社会常識に後れをとるおそれがあります。「法令として規律が整備されていない」なかでも「社会規範に悖る行為」を行えば、企業のレピュテーション（評判・評価）は毀損されてしまい、顧客離れが起こることがあります。「コンダクト・リスク」にまで視野を広げることが必要です。

 3 規範の種類

　前記のとおり、「『法令』の遵守だけでは不十分」ですが、では、法令以外に、どのようなものを遵守する必要があるのでしょうか。

　ここで、「規範」（行動や判断の基準となる模範）の種類について考えてみたいと思います。筆者は、「規範」は図Ⅰ−１のとおり、「法規範」「行政規範」「社会規範」に分かれると考えます。ここでは、「法規範」とは、法令（法律、政令、内閣府令、条令等）、「行政規範」とは、行政庁が定めた指針等（監督指針、ガイドライン（注１）等）、「社会規範」とは、顧客や取引先、社会、

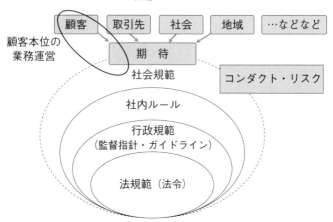

図I−1　さまざまな「規範」

地域等からの期待（このなかで、顧客の期待に応える（さらに、顧客の期待を超える）ことが、顧客本位の業務運営であると考えます）をいうものとします。これらと各事業者の「社内ルール」（社内規程、マニュアル等）の関係としては、「法規範」を囲むかたちで「行政規範」があり、これらを囲むかたちで「社内ルール」があり（注2）、そして、それらを囲むかたちで「社会規範」が存在すると考えられます。「社会規範」は時代とともに変わるものであり、その外延は不明瞭です（そのため、点線としています）。社会の動向に注意し、自社はいったいどこからどのような期待を受けているのかを真摯に検討することで、「コンダクト・リスク」に対応することができると考えます。

（注1）　たとえば、「金融分野における個人情報保護に関するガイドライン」等があります。

（注2）　「社内ルール」が「法規範」や「行政規範」の内側に入って

図Ⅰ-2 「社会規範を意識した取組み」を行ってはじめて地上に出られる

社会規範を意識した取組み
（顧客本位の業務運営）

法規範、行政規範の遵守

しまうと、社内ルール違反がそのまま法令違反や監督指針違反等に該当してしまうため、「社内ルール」は、「法規範」および「行政規範」を囲むかたちで作成する必要があります。

建物でいえば、「法規範」や「行政規範」を守っていても、（これらは遵守することが当然であるため）それはまだ地下の段階といえます。「社会規範」を意識した取組み（顧客本位の業務運営）を行ってはじめて地上に出られるといえます（図Ⅰ-2参照）。保険代理店は、この地上の階数を増やす取組みを進めることが重要です。

4 コンプライアンスを「攻め」と「アクセル」に活かす

しばしば、「営業」と「コンプライアンス」の関係を、「攻め」と「守り」とか、「アクセル」と「ブレーキ」といいますが、本

図Ⅰ−3　「顧客本位の業務運営」の意義

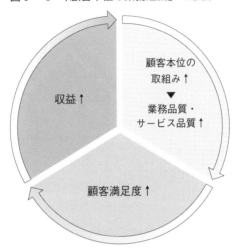

当にそうでしょうか。建物でたとえた場合に、他の代理店が地下や低層階にとどまっているときに、どんどん上に階数を伸ばしていけば、間違いなく競争優位に立ちます。「顧客本位の取組みの推進＆業務品質・サービス品質の向上→顧客満足度の向上→収益の向上」という流れができ（図Ⅰ−3参照）、顧客本位の取組みは、保険代理店の収益向上にも寄与します（むしろ、収益向上につながるくらいまで、顧客本位の取組みを徹底できるかが重要であると考えます）。

　金融庁「顧客本位の業務運営に関する原則」に、「本来、金融事業者が自ら主体的に創意工夫を発揮し、ベスト・プラクティスを目指して顧客本位の良質な金融商品・サービスの提供を競い合い、より良い取組みを行う金融事業者が顧客から選択されていくメカニズムの実現が望ましい」とあるように、そもそも、顧客本

図Ⅰ-4　「攻め・アクセル」としてのコンプライアンス

プラス面の向上	マイナス面の低減
顧客満足のため	収益を失わないため
顧客のファン化のため	事業を継続するため
収益の獲得・向上のため	従業員とその家族を守るため

こちらをより重視

コンプライアンスには
攻め・アクセル
の部分もある！

位の取組みは、「より良い取組みを行う金融事業者が顧客から選択されていくメカニズム」となるもので、競争力の源泉になるものです。

　これまで、コンプライアンスは、法令違反等を犯すことで、収益を失ったり、事業を継続できなくなったり、それにより従業員とその家族に迷惑がかかるというような事態にならないように取り組む（マイナスになることを低減する）という側面が強かったと思われます。しかし、そうではなく、コンプライアンスは、業務品質・サービス品質の向上につながるものであって、顧客満足度の向上や顧客のファン化、それによる収益の獲得・向上につながる（プラスを向上させる）面もあります。つまり、コンプライアンスには、「攻め」と「アクセル」の部分もあるのです（図Ⅰ-4参照）。保険代理店の皆さまには、その点を意識したコンプライアンスの推進を行うことが望まれます。

II

経営管理（ガバナンス）態勢

1 取締役会の運営等に関する事例
（取締役会設置会社である場合）

取締役会の開催頻度に関する不備

------- **課題事例** -------

　取締役会が、少なくとも3カ月に1回の頻度で開催されておらず、会社法363条2項に抵触している。

※会社法363条2項は、代表取締役は、3カ月に1回以上、自己の職務の執行の状況を取締役会に報告しなければならないと規定している。

【解　説】

　（取締役会設置会社である株式会社の場合）取締役会は、業務執行に係る重要事項等について討議・決議する重要機関であるところ、代表取締役は3カ月に1回以上、自己の職務の執行の状況を取締役会に報告しなければなりません（会社法363条2項）。したがって、少なくとも3カ月に1回は、取締役会を開催することになります。しかしながら、取締役会が上記頻度で開催されておらず、会社法363条2項に抵触している保険代理店が散見されます。これでは、会社運営の基本ができていないといわざるをえません。

ケース（Ⅱ－１－２） 監査役の機能不全（監査役を設置している場合）

········ **課題事例** ········

① 監査役がいるものの、取締役会の招集通知を監査役に発出しておらず、会社法368条１項に抵触している。

※会社法368条１項は、取締役会を招集する者は、取締役会の日の１週間（これを下回る期間を定款で定めた場合にあっては、その期間）前までに、各取締役（監査役設置会社にあっては、各取締役及び各監査役）に対してその通知を発しなければならないと規定している。

② 取締役会の招集通知を監査役に発出しているが、監査役は取締役会に出席しておらず、会社法383条１項に抵触している。

※会社法383条１項は、監査役は、取締役会に出席し、必要があると認めるときは、意見を述べなければならないと規定している。

···

【解　説】

　監査役は、取締役の職務の執行を監査するという重要な役割を担っています。しかし、監査役は設置しているものの、形式上存在しているというだけで、監査役に対し取締役会の招集通知を発出していないケースや、招集通知は発出しているが、監査役が取締役会に出席していないケースがみられます。これは、それぞれ、会社法368条１項、同法383条１項に抵触しており、ガバナンスが機能していないといえます。

▼取締役会招集通知の例

```
                                          ●年●月●日
取締役・監査役  各位
                                         株式会社●●
                                         代表取締役●●

                    取締役会招集通知書


  当社の取締役会を下記のとおり開催いたしますので、ご出席く
ださいますようご通知申し上げます。
                        記
１．開催日時    ●年●月●日  ●時
２．開催場所    当社本社会議室
３．目的事項
    第１号議案  ●の件
    第２号議案  ●の件
                                            以上
```


（ ケース（Ⅱ－１－３） ） 取締役会議事録の不備

········· 課題事例

  取締役会の議事録を作成しているものの、その記載内容が十分
とはいえず、具体的にいかなる討議がなされたのかの事後検証が
困難な状況となっている。

【解 説】

  保険代理店には態勢整備義務が課されています（保険業法294条

の３第１項）。態勢整備を行うには、PDCAサイクル（注１）とい
う考え方が基本となり、同サイクルを有効に機能させることが必
要ですが、Check・Actを適切に行うためには、検討プロセスに
関する具体的な記録・証跡の保存が必要です（こうした記録・証
跡がなければ、検討プロセスに関する事後検証が適切にできません）
（注２）。

　こうしたなか、取締役会の議事録を作成しているものの（注
３）、その記載内容が十分とはいえず、具体的にいかなる討議が
なされたのかの事後検証が困難な状況となっている保険代理店が
多くみられます。たとえば、取締役会の開催時間は２時間となっ
ているのに、議事録の記載では特に役員間で対話・議論が行われ
た形跡がみられず、２時間もの時間を要した理由が不明確なもの
となっているケースがあります。具体的な内容を記載した詳細な
議事録を作成することが重要です。

（注１）　PDCAサイクルとは、

　①　Plan：方針・計画・内部規程（社内規程、社内規則、マニュア
　　ルなど）の策定

　②　Do：組織体制の整備（部門、責任者などの設置）、役職員への
　　教育・管理・指導

　③　Check：態勢の評価（内部監査、自主点検）

　④　Act：評価に基づく態勢の改善活動

　をそれぞれ適切に行っているかを検証する業務改善のプロセスのこ
　とをいいます（図Ⅱ－１－１参照）。

　　なお、PDCAサイクルは、継続的にこれを行うことで態勢の向上
　を図るものであり、同じ行動を平面的に繰り返すものではなく、ス

パイラルアップをしていくものです（図Ⅱ−1−2参照）。

図Ⅱ−1−1　PDCAサイクル

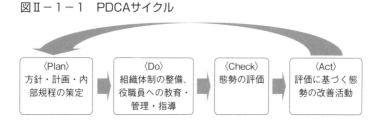

図Ⅱ−1−2　PDCAサイクルのイメージ

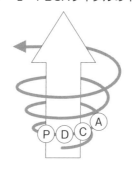

（注2）　保険会社に関する事項ではありますが、監督指針Ⅲ−1−2⑵
　　　①ア(イ)では、保険会社に対する検査・監督の具体的手法として、「例
　　　えば次のような、当該保険会社やそのステークホルダー（従業員、
　　　顧客、地域社会、株主等）からの情報収集が有用となる」として、
　　　「財務データやリスク計数データ等の定型資料のみならず、経営の
　　　意思決定に係る会議体の資料や議事録等を分析すること」（下線は
　　　筆者）があげられており、議事録が重要視されています。このよう
　　　な目線は、保険代理店でも同様であると思われます。
（注3）　取締役会の議事については、議事録を作成し、議事録が書面

をもって作成されているときは、出席した取締役および監査役は、これに署名し、または記名押印しなければなりません（会社法369条3項）。また、取締役会の議事録には、取締役会が開催された日時および場所、取締役会の議事の経過の要領およびその結果等を記載する必要があります（会社法施行規則101条3項）。

▼取締役会議事録の例（Web会議システムを用いた場合）

取締役会議事録

株式会社●●

　●年●月●日●時●分、●県●市●町●丁目●番●号の株式会社●●本社会議室において、取締役会を開催した。

取締役総数　●名　　　　出席取締役数　●名
監査役総数　●名　　　　出席監査役数　●名

　なお、本取締役会はWeb会議システムを一部用いて開催し、取締役●はWeb会議システムにより参加した。
　上記のとおり、法定数の取締役の出席があり、Web会議システムを用いて、出席者の音声および映像が即時に他の出席者に伝わり、適時的確な意思表明がお互いにできることが確認されたため、代表取締役●が議長となり、取締役会を開会する旨を宣言した。

【決議事項】
第1号議案　●の件
　取締役●より～説明がなされた。
　質疑応答のなかで、取締役●より～との意見が述べられた。こ

れに対し、取締役●より～との回答がなされた。

　上記について賛否を議場に諮ったところ、満場一致をもって承認可決された。

第2号議案　●の件

　代表取締役●より～説明がなされた。

　質疑応答のなかで、監査役●より～との意見が述べられた。これに対し、代表取締役●より～との回答がなされた。

　上記について賛否を議場に諮ったところ、満場一致をもって承認可決された。

【報告事項】

　代表取締役●より～について報告がなされた。

　質疑応答のなかで、取締役●より～との意見が述べられた。これに対し、代表取締役●より～との回答がなされた。

　以上をもって本日の議事が終了したので、議長は●時●分閉会を宣した。

　以上の議事の経過および結果を明確にするため、本議事録を作成し、出席取締役・出席監査役全員が次に記名押印する。

●年●月●日

株式会社●●　取締役会

<table>
<tr><td>議長</td><td>代表取締役</td><td>●</td><td>印</td></tr>
<tr><td></td><td>取締役</td><td>●</td><td>印</td></tr>
<tr><td></td><td>取締役</td><td>●</td><td>印</td></tr>
<tr><td></td><td>監査役</td><td>●</td><td>印</td></tr>
</table>

-------- **課題事例** --------

取締役会規程を作成していない、あるいは、その存否・所在が不明である。

【解　説】

取締役会規程は、取締役会の招集手続や、報告事項・決議事項等について規定するものであり、重要規程ですが、取締役会規程を作成していない、あるいは、その存否・所在が不明である保険代理店もみられます。こういった保険代理店では、会社法上の必要手続が遵守されていないことが多く、上記（Ⅱ－1－1、Ⅱ－1－2）の事例もよくみられます。

▼取締役会規程の例

取締役会規程

第1条（目的）

　株式会社●（以下「当社」という）の取締役会の運営は、法令および定款のほか、本規程の定めるところによる。

第2条（構成）

　1　取締役会は、取締役の全員をもって構成する。

　2　監査役は、取締役会に出席し、必要があると認めるときは意見を述べなければならない。

第3条（開催）

　1　取締役会は、定例取締役会および臨時取締役会とする。

　2　定例取締役会は、原則として毎月1回開催する。

3　臨時取締役会は、必要に応じて開催する。

第4条（招集者）

1　取締役会は、取締役社長が招集する。ただし、取締役社長
に事故があるときは、あらかじめ取締役会において決定した
順序で他の取締役が招集する。

2　各取締役は、前項の招集権者に対し、取締役会の目的であ
る事項を示して、取締役会の招集を請求することができる。

3　前項の請求があった後5日以内に、招集の通知が発せられ
ないときは、招集を請求した取締役は、自ら取締役会を招集
することができる。

4　各監査役は、取締役会での意見の陳述の必要があるとき
は、前2項に準じて、取締役会の招集を請求し、または取締
役会を招集することができる。

第5条（招集手続）

1　取締役会の招集通知は、各取締役および各監査役に対して
会日の3日前に発する。ただし、緊急を要する場合はこれを
短縮することができる。

2　取締役会は、取締役および監査役の全員の同意があるとき
は、招集の手続を経ることなく開催することができる。

第6条（議長）

1　取締役会の議長は、取締役社長がこれにあたる。

2　取締役社長に事故があるときは、あらかじめ取締役会にお
いて決定した順序で他の取締役が議長となる。

3　取締役会の会議の目的事項について、議長である取締役が
特別の利害関係を有するときは、その事項の審議について、
議長に事故があるときに準じて、他の取締役が議長にあたる。

第7条（取締役会の成立および決議）

1　取締役会の決議は、議決に加わることができる取締役の過
半数が出席し、その過半数をもって行う。

2　前項の決議について特別の利害関係を有する取締役は、議
決に加わることができない。

3　取締役が取締役会の決議の目的である事項について提案を
　　した場合において、当該提案につき取締役（当該事項につい
　　て議決に加わることができる者に限る）の全員が書面又は電
　　磁的記録により同意の意思表示をしたときは、当該提案を可
　　決する旨の取締役会の決議があったものとみなす。
第8条（決議事項）
　　1　取締役会の決議を要する事項は、別表に定めるとおりとす
　　る。なお、正当な理由がない限り、決議は事前に行うものと
　　する。
　　2　前項の決議事項であっても、緊急を要する場合、代表取締
　　役は当該案件の処理をすることができる。ただし、その場合
　　においては、直後の取締役会において処理の内容を報告し、
　　その承認を得なければならない。
第9条（報告事項）
　　1　取締役は、会社法第372条第1項の要件を満たす場合を除
　　き、業務の執行状況を毎月取締役会に報告しなければならな
　　い。
　　2　次の各号に掲げる取引をした取締役は、当該取引後に遅滞
　　なく、当該取引についての重要な事実を取締役会に報告しな
　　ければならない。
　　　①　自己または第三者のために行う当社の事業の部類に属す
　　　る取引
　　　②　自己または第三者のために行う当社との取引
　　　③　取締役以外の者との間における当社と当該取締役の利益
　　　が相反する取引
第10条（取締役会議事録）
　　取締役会の議事については、議事録を作成して、会社法施行規
則に定められた事項を記載し、出席した取締役および監査役がこ
れに署名もしくは記名押印または電子署名しなければならない。
第11条（規程の改廃）

本規程の改廃は、取締役会の決議による。

コラム 「組織は戦略に従う」

しばしば「組織体制をどうしたらよいのか悩んでいます」
といった質問をいただくことがあります。皆さまは何を基準
にして組織体制を整備されますか。

「組織は戦略に従う」──これは、米国の経営史学者（ハー
バード・ビジネススクール名誉教授）であったアルフレッド・
D・チャンドラーJr.が残した言葉で、組織構造は戦略に応じ
て決まる、ということを表しています（同著『組織は戦略に
従う』（2004年6月、ダイヤモンド社））。つまり、まずは自社
の戦略（目的）を考え、それを実現するための手段として、
組織体制のあり方を考える、ということになります（戦略が
明確に定まっていないなかで組織体制を考えてもうまくいきませ
ん）。そして、戦略は、市場の影響を受けます。市場の変化
に応じて戦略を策定・修正し、そして、それに適合するよう
に組織体制を整備する、という順序で検討することがよいと
考えます。

2 経営理念等の策定・改定、浸透に関する事例

経営理念等の重要性

VUCA（注1）時代と呼ばれる昨今、「自分たちは何のために存在するのか」「自分たちが本当に達成したいことは何か」をしっかりと考え、全役職員がよって立つ経営理念等（組織の"北極星"となるような不動の理念）（注2）を策定することが重要です。目指す"北極星"がある組織は強いといえます。

最近流行りの「SDGs」や「ESG」、「顧客本位の業務運営」といった言葉に踊らされるのではなく、また、他社のまね事をするのではなく、自社独自の経営理念等をしっかりと考え抜くことが必要です。こうした経営理念等を策定し、それを全役職員が腹落ちでき、一人ひとりが自分事化できれば、コンプライアンスを意識せずとも、自然とコンプライアンスは遵守でき、業務品質・サービス品質は高まり、結果として、顧客満足度が向上し、収益向上にも寄与すると考えます（注3）。

（注1） 「VUCA」（「ヴーカ」と読みます）とは、V（Volatility：変動性）、U（Uncertainty：不確実性）、C（Complexity：複雑性）、A（Ambiguity：あいまい性）の頭文字をとった造語で、先行きが不透明で将来の予測が困難な状態を指します。

（注2） 最近では「パーパス」と呼ばれることも多いですが、このほか、「社是」「社訓」、また、「Mission・Vision・Value」（Mission：どのような使命・責務を果たそうと考えているか、Vision：将来の「ありたい姿」として、どのような組織を長期的につくりあげてい

くことを目標としているか、Value：自社にとっての組織共通の価値観とはどのようなものか）等の呼び名で策定している場合も多いと思います。

　なお、名和高司氏（一橋大学ビジネススクール客員教授）は、「パーパス」を「志」と訳し、「パーパスとは『Me』でも『You』でも『They』でもなく『We』でなければならない。自らの思いと社会の思いが同心円を描くことが鍵となるのだ。〔中略〕それが誰でも考えつくような『あるべき姿』にならないためには、その企業の本源的な思いに根差していなければならない。〔中略〕パーパスは社外にとってはその会社らしさが強く伝わり、社内にとっては外と未来に向けて熱い思いを束ねていくパワーの源泉にならなければならない」と説いています（名和高司著『パーパス経営　30年先の視点から現在を捉える』（2021年5月、東洋経済新報社）42〜43頁）。

（注3）　コンプライアンス・リスク管理基本方針5〜6頁では、「金融機関の役職員が共有する基本的な価値観・理念や行動規範、すなわち企業文化が、役職員の行動や意思決定に大きな影響を及ぼすことがある。このような企業文化は、コンプライアンス・リスク管理に関する経営陣や中間管理者の姿勢及び内部統制の仕組み全体に通じる、いわば屋台骨をなすものである」、「経営陣は、経営方針を踏まえた、あるべき価値観・理念や企業文化を明確にし、その醸成に努めることが重要である」と規定しており、金融当局も経営理念等を重視していることがわかります。

　また、傾向と課題12〜13頁では、「企業理念、社是（行是）、倫理基準、行動規範等は、作成すること自体が目的ではなく、目指す企業文化を醸成するための一つの手段にすぎない。そこで示された基

本理念が役職員にとって共感できるものであり、真に理解された上で浸透し、日々の業務運営において実践される段階に至って初めて意味をなすものである。したがって、文面上整った美しい基本理念を策定し、役職員に示し続けたとしても、かかる基本理念が役職員にとって共感することが困難なものであり、また、建前にすぎないようであれば（日々の言動等を通じて、それが建前にすぎないと役職員に解釈されてしまうようであれば）、役職員の理解は到底得られず、基本理念に基づいた業務運営が実践されることはあり得ない」、「経営陣においては、基本理念を策定する場合には、役職員が共感できる（少なくとも議論すれば理解され得る）ものを目指すべきであり、基本理念を実践する姿勢を自らの日々の言動等を通じて示すことにより、なぜそのような基本理念が存在するのかについて、役職員の真の理解を促し、日々の業務運営における実践へと導くことが引き続き期待される」と示しています。経営理念等は、「日々の業務運営において実践される段階に至って初めて意味をなす」ものであり、役職員全員が自分事化し、実践しなければ意味がありません。

　保険代理店においても、役職員が共感できる経営理念等を策定し、それを具体的な取組み（方針・規程、組織体制等）に落とし込み、日々の業務において実践することが重要です。

コラム　**MOGST**

経営実務の世界では、MOGST（「モグスト」と読みます）と

いう表現が使われる場合があります。これは、Mission（使命）、Objective（目標）、Goal（目的・目的地）、Strategy（戦略）およびTactics（戦術）の頭文字を並べたもので、この順序できちんと規定することが重要です。Mission（使命）の前にVision（ビジョン）を位置づけ、それを強調する考え方もあり、経営者としては、明確なビジョンをもち、使命を掲げ、目標とそれをより具体化した目的を設定し、それらに導かれた戦略（組織がその目標や目的を達成するために行う基本的意思決定）および戦術（戦略を達成するための具体的な手段）を組織内部に向けてはっきりと打ち出すことが重要です。（榊原清則著『経営学入門（上）』（2020年1月、日本経済新聞出版社）36、144頁参照）。

ケース（Ⅱ－2－1） 経営理念等の策定・改定経緯の不備

········ **課題事例** ········

① （取締役会設置会社の保険代理店の場合）経営理念等の策定・改定について、取締役会の決議を経ていない。

② （取締役会設置会社でない保険代理店の場合）どのような対話・議論を経て経営理念等を策定・改定したかが記録に残されておらず、事後検証が困難な状況となっている。

········

【解　説】

（取締役会設置会社の保険代理店の場合）取締役会設置会社では、「重要な業務執行の決定」は取締役に委任することができず、取締役

会において行うこととされています（会社法362条 4 項（注 1 ））。経営理念等は経営上のきわめて重要な事項といえることから、その決定は、取締役会にて行うべきです。しかし、経営理念等の策定・改定について、取締役会の決議を経ていない保険代理店がみられます。また、取締役会議事録等をみても、取締役会でいかなる対話・議論（注 2 ）を行って経営理念等を定めたのかの内容が不明で、事後検証が困難なケースも散見されます（注 3 ）。

　取締役会設置会社でない保険代理店においても、どのような対話・議論を経て経営理念等を策定・改定したかは重要であり、記録に残しておくべきですが、それが残されていないケースが散見されます。

（注 1 ）　会社法362条 4 項

> 　取締役会は、次に掲げる事項その他の<u>重要な業務執行の決定</u>を取締役に委任することができない。
>
> 　一　重要な財産の処分及び譲受け
>
> 　二　多額の借財
>
> 　三　支配人その他の重要な使用人の選任及び解任
>
> 　四　支店その他の重要な組織の設置、変更及び廃止
>
> 　五　第676条第 1 号に掲げる事項その他の社債を引き受ける者の募集に関する重要な事項として法務省令で定める事項
>
> 　六　取締役の職務の執行が法令及び定款に適合することを確保するための体制その他株式会社の業務並びに当該株式会社及びその子会社から成る企業集団の業務の適正を確保するために必要なものとして法務省令で定める体制の整備

七　第426条第１項の規定による定款の定めに基づく第423条

　　第１項の責任の免除

（注２）　「対話」と「議論」の違いについては、「コラム　『伝達』『議
　　　論』『対話』の違い」を参照。

（注３）　いかなる対話・議論を経て、経営理念等を策定・改定したか
　　　を記録に残しておけば、策定・改定後何年も経ち、役職員の入れ替
　　　わりがあったとしても、その経営理念等に込められた想いや目的
　　　は、受け継がれていくと考えます。

コラム　　**「伝達」「議論」「対話」の違い**

　「伝達」は、「意味や目的意識の共通理解よりも、送り手か
ら受け手へのメッセージの正確な移動を重視」し（中原淳・
長岡健著『ダイアローグ　対話する組織』（2009年２月、ダイヤ
モンド社）35頁）、「送り手から受け手へ情報をいかに早く、
正確に移動するかが目的」とされており、「聞き手の共感や
行動・考え方の変化を引き出したかどうかが問われることは
ない」（同45～46頁）というものです。「伝達」は、「対話」を
行う際に必要となる情報を収集する手段としては有効です
が、それにとどまります。

　次に、「議論」は、「どちらの意見が勝つか負けるかを争
う」ものであり（泉谷閑示著『あなたの人生が変わる対話術』
（2017年２月、講談社）43頁）、"Ａ"という意見と"Ｂ"とい

う意見がある場合に、"A or B"のいずれを選択するかを決めることをいいます。たとえば、会議体で最終的に決議をする場面では、当該議案について賛否を決しないといけないため、「議論」が必要となるといえます。しかし、それは最終局面であり、そこに至る過程は「議論」という言葉では表しきれず、そこでは「対話」が重要となります。

　「対話」は、「話し合うことによって双方が変化し、どちらか一人だけではたどり着けなかった次元の認識に、ともに到達する行為」であり（前掲『あなたの人生が変わる対話術』162頁）、「対話」では、"A"という考えから"A′"という考え、また、"B"という考えから"B′"という考えにたどり着いたり、さらには、それらから新たな"C"という考えが生まれることもあります（これは、イノベーション（新結合）といえます。シュムペーター著『経済発展の理論（上）（下）』（1977年9月、岩波文庫））。組織内での意思決定において「対話」が機能した場合、「グループダイナミクス」（組織や集団における人間の行動や思考が、その組織や集団から影響を受けると同時に、組織や集団に対しても影響を与えること）が作用して、「創造性の高い選択肢と解決策が用意され、より良い決断がなされる」といわれています（田村次朗・隅田浩司著『リーダーシップを鍛える「対話学」のすゝめ』（2021年2月、東京書籍）99～100頁）。

　「対話」では、「傾聴」が重要です。「傾聴」とは、「自分とは異なる他者が何を感じているかを謙虚に『聴く』姿勢」（露木恵美子編著『共に働くことの意味を問い直す──職場の現

象学入門』（2022年6月、白桃書房）138頁）であり、「相手の言葉を聴ききる」ことが重要です（同67頁）。「心で思っていることは、実は相手に伝わってい」るため（同51頁）、「相手の話を真摯に聴く前に、あるいは聴いた瞬間に、自分自身の価値尺度をつかって『判断』」したり、「色眼鏡」をかけて、「相手がいおうとしている『何か』に集中できない」ような状態になってはいけません（同138頁）。「傾聴」を行うことは、実は大変むずかしいことだと思います。ぜひ、「傾聴」の訓練をしていただければと思います。

　なお、「理解する」ことと「同意する」ことは区別すべきですが、この区別がついていないがために、「同意」したくない場合には、「理解」しようとする作業をも放棄してしまうことがあります（前掲『あなたの人生が変わる対話術』70頁）。それでは「対話」は妨げられてしまいます。他者の考えや意見に「同意」できなくても、それを「理解する」ことが重要です。

　皆さまの会議はどうでしょうか。「伝達」や「議論」ばかりになっていませんか。「傾聴」「対話」を意識して取り組んでいただければと思います。

　ケース（II－2－2）　経営理念等の不十分な浸透

……　**課題事例**　……

　募集人が経営理念等を理解しておらず、経営理念等が形骸化し

28

ている。

....

【解　説】

　経営理念等を策定しても、それが実践されなければ意味があり
ません。そのためには、役職員が経営理念等の背景・目的を理解
することが重要ですが、それが不十分な事例が散見されます。

> **コラム**　　経営理念等の浸透、組織文化の醸成
>
> 　経営理念を浸透させるために、以下のような取組みを行っ
> ている保険代理店があります。
> ・朝礼や会議等で「経営理念」を唱和する。
> ・カードサイズの紙に「経営理念」を記載し、全役職員に常
> 　時携行させる。
> ・経営理念の成立ち、想い等を伝えるための「経営理念研
> 　修」を実施する。
> ・会社案内に「経営理念」を記載し、保険募集の際に、顧客
> 　にその説明を行う。
> ・自主点検・内部監査のなかで、募集人に「経営理念」（ま
> 　たは、その趣旨等）を答えさせる。
> 　しかし、こうした取組みを行っても、「経営理念がなかな
> か浸透しない」「組織文化の醸成につながっているのか不安
> だ」との経営者の声も聞かれます。
> 　そもそも、組織文化は、組織を構成する人々の日常的な経

験に根ざしています。「当社の理念はこうである」と一方的に「伝達」（「伝達」の意義については、「コラム　『伝達』『議論』『対話』の違い」を参照）するだけでは、経営理念の浸透はむずかしいといえます。言葉だけが流通して、役職員の行動が変わるまでには至らない、ということになります。組織の構成メンバー一人ひとりが、組織のなかで体験したこと、見聞きしたことを主体的に語り、意味づけていかない限り、組織文化は醸成・共有されません。経営理念が日常的な行動と結びつくには、その内容について、自分なりに腹に落ちていなければなりません。そのためには、経営理念を言語化された単なる情報として受け渡すのではなく、「対話」（「対話」の意義については、上記コラムを参照）のなかで、自社の経営理念をふまえた取組みについて、「自分はこう考えている」「こういう行動をとるべきだと思う」といった、主体的な姿勢で、各役職員が経営理念を意味づけて、経営理念と行動を具体的に結びつけることが重要です（中原淳・長岡健著『ダイアローグ　対話する組織』165〜166頁）。

　ぜひ、このような役職員間の「対話」の機会を設けて、取り組んでいただければと思います。

事業計画の策定等に関する参考事例

ケース（Ⅱ－3）　事業計画の策定等に関する参考事例

||||||||| **参考事例** |||||||||||||||||||||||||||||||||||||||||||||||||||||||||||||||||||||||||||||||||||||||||||||||||||||||||||||||||||||||||||||||

　（取締役会設置会社の保険代理店の場合）取締役会において、経営戦略や法改正等の行政動向、保険会社の動向等を勘案して、事業計画の内容等について十分に時間をかけて対話・議論を行い、その内容を議事録に詳細に残している。

　また、単年度の事業計画のほか、3～5年程度の中期経営計画を策定し、随時その進捗状況等を確認して現状とのギャップを検証し、当該計画等の見直しを行っている。

【解　説】

　前記のとおり、（取締役会設置会社の保険代理店の場合）取締役会設置会社では、「重要な業務執行の決定」は取締役会において行うこととされているところ（会社法362条4項）、事業計画は、会社の基本的な経営方針や経営資源の投下方針等を定めるものであり、会社の経営に与える影響が大きいことから、その策定・変更は、取締役会の決議事項といえます（山田和彦ほか著『取締役会付議事項の実務（第2版）』（2016年10月、商事法務）87頁、東京弁護士会会社法部編『新・取締役会ガイドライン（第2版）』（2016年10月、商事法務）188頁参照）。

　こうしたなか、取締役会において、経営戦略や法改正等の行政動向、保険会社の動向等を勘案して、事業計画の内容等について

十分に時間をかけて対話・議論を行い、その内容を議事録に詳細に残している保険代理店もあります。

　また、単年度の事業計画のほか、3～5年程度の中期経営計画を策定し、随時その進捗状況等を確認して現状とのギャップを検証し、当該計画等の見直しを行っている保険代理店もあります。

　取締役会設置会社でない保険代理店においても、役職員の間で十分に対話・議論をして（そして、その対話・議論の内容を記録に残し）、会社として目指す姿・あるべき姿を明確にし、中期経営計画を含む事業計画の策定に取り組むことは有益です。

4　コンプライアンス・プログラムの策定等に関する不備

ケース（Ⅱ-4） コンプライアンス・プログラムの策定等に関する不備

······· **課題事例** ···

① （取締役会設置会社の保険代理店の場合）コンプライアンス・プログラムの策定にあたり、取締役会での対話・議論、決議を経ていない。

② （取締役会設置会社でない保険代理店の場合）コンプライアンス・プログラムの策定にあたり、経営陣がこれに関与していない。

③ コンプライアンス・プログラムの内容が、前年度と同一であり、会社の経営戦略や行政動向等をふまえたものとなっていない。

④　コンプライアンス・プログラムの社内周知や、進捗状況の管理がなされていない。

【解　説】

　「コンプライアンス・プログラム」とは、一般に、「コンプライアンスを実現させるための具体的な実践計画」のことをいい（監督指針Ⅱ－4－1－2⑷参照）、たとえば、内部規程の整備の計画や職員等の研修計画等が含まれます。コンプライアンス・プログラムは、コンプライアンスの指導等を計画的に実行していくうえで重要であり、これについても、（取締役会設置会社であれば）取締役会で十分に対話・議論をして決議する、（取締役会設置会社でなければ）経営陣がコンプライアンス・プログラムの策定に関与して内容を決定する、といった取組みが必要です（注1）。しかし、これらがなされていない保険代理店が散見されます。

　また、コンプライアンス・プログラムの内容が、前年度と同一であり、自社の経営戦略や行政動向、法改正・監督指針改正の動向等をふまえたものとなっていないケースもみられます（注2）。

　さらに、コンプライアンス・プログラムを的確に推進するためには、その社内周知や、進捗状況の管理が重要ですが、それらがなされていないケースもよくみられます。

（注1）　コンプライアンス・プログラムの作成および承認のタイミングについては、新年度開始からすぐにこれを実行することができるように、年度末前に、次年度のコンプライアンス・プログラムの承認を得るように取り組むのがよいと考えます。

（注2）　①PESTLE分析（Political（政治的要因：国の政策、政治の

安定性、政治団体の動向等）、Economic（経済的要因：景気、物価、消費動向、成長率、為替・株価の動向等）、Sociological（社会的要因：人口・世帯の変化、高齢化・少子化、流行、ライフスタイルの変化等）、Technological（技術的要因：新技術開発、AI、IoT、５G等）、Legal（法的要因：関連法令の成立・施行・改正等）、Environmental（環境的要因：温暖化、気候変動、サステナビリティ等）の６つの視点からマクロ環境の分析を行うこと）等の環境分析や、②（他業種、他業態を含む）他社で発生した不適切事例・不祥事の研究、③自社の事業計画・営業戦略に内在するリスクの分析、④自主点検・内部監査、保険会社による代理店監査等の結果、⑤現場に対するアンケート・ヒアリングの結果（現場におけるリスク・懸念・問題意識等の把握）、⑥業務提携先に対するモニタリング結果、⑦顧客からの苦情・問合せ、顧客アンケート等といった情報をもとに、コンプライアンス・プログラムの内容を検討することも考えられます。

　たとえば、上記①の「Political」では、監督指針の改正や「金融行政方針」の公表等があげられ、「Sociological」では、個人情報保護に関する社会の意識の高まり等があげられます。上記③では、たとえば、オンライン募集を拡充する場合は募集ツールの運用や情報セキュリティ管理、また、電話募集の件数が相応にある場合は電話募集の適切性等が項目としてあげられます。

5 顧客本位の業務運営の取組みに関する事例

顧客本位の業務運営の趣旨・目的

　「金融事業者が顧客本位の業務運営におけるベスト・プラクティスを目指す上で有用と考えられる原則を定めるもの」として、2017年3月30日に、金融庁「顧客本位の業務運営に関する原則」（以下「FD原則」という）が策定・公表されました（https://www.fsa.go.jp/news/28/20170330-1.html）。その後、2021年1月15日付で、「金融審議会市場ワーキング・グループ報告書―顧客本位の業務運営の進展に向けて―」（2020年8月5日）（https://www.fsa.go.jp/singi/singi_kinyu/tosin/20200805.html）における提言をふまえた所要の改訂が行われています（https://www.fsa.go.jp/news/r2/singi/20210115-1.html）。

　FD原則は、「本来、金融事業者が自ら主体的に創意工夫を発揮し、ベスト・プラクティスを目指して顧客本位の良質な金融商品・サービスの提供を競い合い、より良い取組みを行う金融事業者が顧客から選択されていくメカニズムの実現が望ましい」なかで、金融事業者が、FD原則をふまえて、「何が顧客のためになるかを真剣に考え、横並びに陥ることなく、より良い金融商品・サービスの提供を競い合う」（FD原則1頁）ような環境を醸成することを企図して、策定・改訂されました（注）。

　前記I・4に記載のとおり、顧客本位の取組みのポイントは、「より良い取組みを行う金融事業者が顧客から選択されていくメカニズムの実現」にあると考えます。つまり、他の保険代理店よ

りも優れた業務品質・サービス品質を顧客に提供することで、顧客満足度が向上し、顧客から選択され、それにより収益が向上する（「顧客本位の取組みの推進＆業務品質・サービス品質の向上→顧客満足度の向上→収益の向上」）という流れをつくるように取り組むことが重要です。このように、顧客本位の取組みは、他代理店との“差別化”や他代理店に対する“優位性”の確保、また、それを顧客に訴求することにより、保険代理店の収益向上にも寄与するものといえ（むしろ、収益向上につながるくらいまで、顧客本位の取組みを徹底できるかが重要であると考えます）、マーケティング戦略や営業戦略の一環ともいえます。

（注）　なお、「顧客本位」とは「顧客のために」ではなく、「顧客の立場で（顧客として）考える」こと、つまり、「自分が顧客だったらどうか」と考え抜くことととらえるのがよいと考えます。鈴木敏文氏（株式会社セブン＆アイ・ホールディングス名誉顧問）は、以下のように述べていますが、これは「顧客本位」の考えを示すものと考えます（勝見明著『鈴木敏文の「話し下手でも成功できる」』（2010年５月、プレジデント社）97～98頁）。

　　　私は、“顧客のために”と考えるのと、“顧客の立場で”考えるのとでは、似ているようでまったく違うと言い続けてきました。“顧客のために”というと耳に心地よい響きがありますが、あくまでも自分たちの仕事を中心にして、その範囲内で何かをはからおうとする。“顧客のために”といいつつ、結局、自分たちの都合のいい範囲内でできることにとどまっていることが少なくないのです。それはあくまでも“売り手の立場で”考える発想です。悪くすると、顧客に自分たちの都合を押しつけることになってし

まいがちです。一方、常に"顧客の立場で"考え、いまどんな商品がほしいか、どのようなサービスが必要かを考える。それには自分の経験をいったん否定し、先入観を払拭して、頭の中をいつもまっさらの状態にして考えることが何より大切です。〔中略〕自分たちにとっては不都合でも、顧客が求めていることを実現するため、自分たちの仕事の仕方を変える。それが顧客の立場に立った仕事の仕方です。

コラム **顧客本位の取組みの脱"借り物"化**

そもそも顧客本位の取組みは、金融庁が取り組めというから行う、という性質のものではありません。保険代理店がみるべき先は、金融庁や財務局ではなく、顧客です。保険代理店は、金融庁がいわずとも、自発的に顧客本位の取組みを実践すべきといえます。しかし、自らの言葉で語っていない取組方針や、内容が抽象的で具体化されていない取組方針がいまだ散見されます。「顧客本位の取組みを行っていますか」と問われると、どの保険代理店・募集人も「はい」と答えると思いますが、「では、具体的にどのような取組みを実践していますか」「それをエビデンス（証跡）をもって示せますか」と問われると、答えに詰まることが多いです。また、「御社にとっての顧客本位の取組みとは何ですか」と各募集人に聞くと、答えられない、あるいは、答えてもその内容がバラバラということが多く、社内で共有化されていないケー

スも多いです。他代理店の取組方針を参考にすることも否定されるものではないですが、どこか"借り物"の内容になっている（かたちだけ取り入れて、自分のものになっていない）と見受けられるところもあります。

顧客本位の取組方針のKPI（Key Performance Indicator。顧客本位の業務運営の定着度合いを客観的に評価できるようにするための成果指標）についても、「他の代理店がこれをKPIにあげているので、当社もそうしました」と聞くことも多いです。そもそも、KPIは自らが定めた取組方針の各項目が達成できたか否かを自ら評価する指標です。他代理店のKPIを参考にすること自体は不可ではないですが、自らの取組方針の各項目との関係性もよく考えずに、他代理店の"借り物"でKPIを設定しても、正しい成果指標にはなりません。

顧客本位の取組方針の内容やそのKPIについても、自分事化して、脱"借り物"化を図ることが重要です。そうして、自社独自の取組方針を策定して、顧客にその独自色をアピールし、募集人一人ひとりがそれを実践することで、顧客のファン化を図り、顧客基盤の拡充につなげることもできると思います。こうした顧客本位の取組みは、保険代理店の収益向上にも寄与するはずです。

顧客本位の取組みの経営戦略への落とし込み

　マーケティング戦略を策定する際には、"Who（ターゲット顧客層）→What（提供価値）→How（提供方法）"の順序で考えることが有用です。つまり、Who：だれに（ターゲットとする顧客層はどこか。例：近隣●km以内に居住しているファミリー層）、What：どのような価値を（他社と差別化できる顧客本位のサービスは何か。例：家計・生活のお役立ち情報の提供）、How：どのように提供するのか（ターゲット顧客層に、それをどのように訴求・提供していくのか。例：SNSでの情報発信）を分析するということです。このなかで、どのように顧客本位の取組みを実践していくか（加えて、そこで、他の代理店との差別化をどのように図るか、どのように自社の取組みの独自性を出すか）を考えることで、顧客本位の取組みを戦略的に活用することができると思います。

　実際、金融庁「投資信託等の販売会社による顧客本位の業務運営のモニタリング結果について」（2022年6月30日）(https://www.fsa.go.jp/news/r3/kokyakuhoni/202206/02.pdf) では、以下のような記載がみられ、"Who→What→How" を戦略的に活用した取組事例が紹介されています。

・「一定のインターネットリテラシーや投資リテラシーを有する層や資産承継層などにターゲットを明確化の上、顧客ニーズに即して商品・サービスの絞り込みや顧客へのアドバイス機能の強化にて差別化を図り、顧客獲得に奏功して

いる金融事業者も見受けられる」（同 1 頁）

・「顧客セグメントに基づくアプローチの差別化」（同 3 頁～）

<hr>

ケース（Ⅱ－5－1） 顧客本位の取組方針の未策定

.... **課題事例** ....

　顧客本位の取組方針を策定しておらず、現場において、顧客本位の取組みの実施状況にバラツキが生じている。

....

【解　説】

　顧客本位の取組方針の策定は法律上の義務ではありませんが、金融事業者間の競争環境のなかで、顧客本位の取組みを積極的に推進し、よりよい取組みを行う金融事業者として顧客から選択されるためにも、顧客本位の取組方針を策定し、これを社外に公表して、自らの取組内容等をアピールすることは重要です。

　また、こうした取組方針がないと、営業現場において、募集人ごとに顧客本位のとらえ方が異なり、その取組内容にバラツキが生じたり、ある募集人は顧客本位の取組みを積極的に行うが、別の募集人は取り組まないといった事態が生じ、業務品質・サービス品質に差が生じる場合もあります。

　こうした事態に陥らないためにも、顧客本位の取組方針を策定し、それを社内に周知し、営業現場に浸透させることが重要です（注）。

（注）　2022事務年度「金融行政方針」本文 5 頁で、「金融機関の顧客本位の業務運営に関する具体的な取組みが、『顧客本位の業務運営

に関する原則』に基づき金融機関が策定・公表した取組方針の中で
明確化されているか、営業現場において定着しているかといった点
についてモニタリングを行う」（下線は筆者）と記載されるなど、
金融当局も、顧客本位の取組方針が営業現場に定着しているかにつ
いて、関心を有していることがわかります。

コラム **顧客本位の取組方針の社内浸透の取組み**

　顧客本位の業務運営に関する具体的な取組みが取組方針の
なかで明確化され、そうした具体的な取組みが営業現場にお
いて定着していることが重要ですが、たとえば、以下のよう
な施策を講じて、営業現場への浸透を図ることが考えられま
す。

・役職員間の対話の機会を設けて、そのなかで、自社の顧客
　本位の取組みについて、「自分はこう考えている」「こうい
　う行動をとるべきだと思う」といった、主体的な姿勢で、
　各役職員が「顧客本位」を意味づけて、「顧客本位」と
　「行動」を具体的に結びつける。（「コラム　経営理念等の浸
　透、組織文化の醸成」参照）

・顧客本位の取組方針に紐づいた行動を各職員の目標として
　設定して（目標管理）、その達成状況を人事評価に反映さ
　せる（表彰制度、金一封を含む）。

・取組方針で明確化した各取組みにそれぞれ紐づくような
　KPIを設定して、それを定期的に（毎月、四半期ごとなど）

集約・分析し、各取組みの進捗状況を確認する。

・（自主点検・内部監査のなかで、各取組みの実施状況を検証し、実施が芳しくない場合には、研修・改善指導を行うなど）顧客本位の取組みについてPDCAサイクルを回す（顧客本位の取組方針の策定→実践→振り返り→振り返りの結果を次年度に向けた取組みに反映する）。

ケース（Ⅱ－5－2） 顧客本位の取組方針の内容の不備

········· **課題事例** ···

顧客本位の取組方針は策定しているが、その内容が抽象的で具体性に欠けている。

···

【解　説】

顧客本位の取組方針を策定していても、その内容が抽象的なものとなっている場合（注1）（たとえば、「お客さまのご意向に沿って、適切に商品の提案を行います」と宣言するだけで、それを実現するために具体的に何をするのかが不明であるような場合）、各募集人は、具体的にどのような活動をすればよいのかがわからず、結果として、顧客本位の取組みが徹底されないおそれがあります。また、そのような抽象的な内容では、顧客に対する訴求力も不十分になり、マーケティング戦略・営業戦略の観点からも物足りないものになると考えます。

たとえば、「お客さまのご意向に沿って、適切に商品の提案を行います」と宣言するのであれば、それを実現するために具体的

に何を行うのか――意向把握に関する募集手順および比較・推奨に関する募集手順を策定する、ロープレ（ロールプレイング）研修を実施する、顧客対応履歴を残したうえで、コンプライアンス責任者がその内容を検証して提案内容が適切かを確認する、など――を記載することが重要です。このように、具体的な取組みに落とし込み、社内でそれを実践させるよう推進していくことが必要です（注2）。

　また、具体的な取組みに落とし込んだほうが、それに対応するKPIも設定しやすいと思われます。

（注1）「業界団体との意見交換会において金融庁が提起した主な論点」（2022年6月10日開催生命保険協会、2022年6月9日開催日本損害保険協会）では、「金融事業者の取組方針については、FD原則とほぼ同じ文言を踏襲している事例や、抽象的な記載に止まっている事例など、自らの業務特性等を踏まえていない事例が見受けられた」と指摘されています。

（注2）　実際、FD原則では、「金融事業者は、本原則を外形的に遵守することに腐心するのではなく、その趣旨・精神を自ら咀嚼した上で、それを実践していくためにはどのような行動をとるべきかを適切に判断していくことが求められる」と規定しており、「実践していく」ための「行動」を具体的に考える必要があります。また、2022事務年度「金融行政方針」本文5頁で、「<u>金融機関の顧客本位の業務運営に関する具体的な取組みが、『顧客本位の業務運営に関する原則』に基づき金融機関が策定・公表した取組方針の中で明確化されているか</u>、営業現場において定着しているかといった点についてモニタリングを行う」（下線は筆者）と記載されるなど、金融

当局において、顧客本位の取組方針に具体的な取組みが明確化されているかについて、関心を有していることがわかります。

ケース（Ⅱ－5－3） 顧客本位の取組方針の見直しの未検討、KPIの未策定

-------- **課題事例** --------

顧客本位の取組方針をいったん策定したが、その見直しの検討を行っておらず、また、KPIの策定も行っていない。

【解　説】

2017年3月30日付「コメントの概要及びそれに対する金融庁の考え方」番号45（https://www.fsa.go.jp/news/28/20170330-1/01.pdf）では、「原則1．に基づく取組状況の定期的な公表の頻度については、本原則の趣旨を踏まえれば、少なくとも年に1度は行うことが適当と考えられます。また、方針の見直しについては、少なくとも定期的な公表を行う際に見直しの検討を行うことが適当と考えられます」（下線は筆者）とされています。

法律上の義務ではないものの、保険代理店は、「少なくとも年に1度」の頻度で、顧客本位の取組状況（KPIなど）を公表し、またそのタイミングで、取組方針の見直しの検討を行うことが望ましいといえます。顧客本位の取組方針についても、PDCAサイクルを回すことが重要です。実際、こうした取組みを行わないと、単に、取組方針の策定・公表をして終わりということになり、その内容の実現が図られないおそれがあります。

なお、保険代理店における定量的なKPIの例としては、以下の

ものが考えられますが、各保険代理店の具体的な取組みとリンクするような指標を設定すべきです。

〈定量的KPIの例〉

　保険商品ラインナップ取扱商品数

　顧客向けセミナーの開催数

　保険相談の受付件数

　契約者数・契約件数

　FP資格等の専門資格の保有者数

　ロープレ等の募集実務研修の実施回数、商品研修の実施回数

　コンプライアンス研修の実施回数

　契約事務の日数

　早期消滅・失効の件数

　保険契約の継続率・更改率

　お客さまの声の受付件数

　自主点検・内部監査・外部監査の実施回数

　そもそも、KPIは顧客本位の取組みが定着したか否かを客観的に評価するための成果指標であり、漫然と数字をあげるだけでは意味がなく、取組方針における個々の取組内容とリンクして、は

図Ⅱ－5－1　取組方針とKPIの対応関係

〈取組内容〉	〈KPI〉
＊＊＊＊＊	○○○○○
※※※※※	△△△△△
◆◆◆◆◆	□□□□□

じめて成果指標としての意味をもちます（図Ⅱ－5－1参照）。取組方針との対応関係が不明確なものは、KPIとしては不十分といえます。

ケース（Ⅱ－5－4） 顧客本位の業務運営に関する取組方針の策定プロセスに関する参考事例

▎▎▎▎ **参考事例** ▎▎

「顧客本位の取組方針は、現場に浸透し、現場が実践してこそ意味がある」との考えのもと、以下のように、「ボトムアップ方式」で取組方針を策定し、現場が取組方針を理解・意識して取り組んでいる。

　　現場の責任者クラス（一定の経験を有した若手職員）でプロジェクトチームをつくり、一から取組方針の素案を作成して、それをベースに、経営陣も対話・議論に加わってブラッシュアップし、取組方針を完成させた。

▎▎

【解　説】

　顧客本位の取組方針は、経営上の重要事項であるため、取組方針を策定する（および、見直す）際には、（取締役会設置会社であれば）取締役会でも十分に対話・議論をして決議する（注）、（取締役会設置会社でなければ）経営陣も取組方針の策定に関与して内容を決定するといった対応が必要です。

　ただ、これを前提としながらも、取組方針の策定方法には、「トップダウン方式」（経営陣が策定し、それを現場に周知する方法）

と、「ボトムアップ方式」（現場から取組方針の案を出させて、経営陣も関与しながら策定する方法）が考えられます。

　これらのどちらが正しいというわけではありませんが、「取組方針は、現場に浸透し、現場が実践してこそ意味がある」との考えのもと、以下のように、「ボトムアップ方式」で取組方針を策定し、現場が取組方針を理解・意識して取り組んでいるケースもみられ、参考になります。なお、現場にとって都合のよい安易な内容にならないよう、経営陣やコンプライアンス責任者等が、適宜、策定の進捗状況等をモニタリングすることも重要です。

・現場の責任者クラス（一定の経験を有した若手職員）でプロジェクトチームをつくり、一から取組方針の素案を作成して、それをベースに、経営陣も対話・議論に加わってブラッシュアップし、取組方針を完成させた。

・現場担当者が中心メンバーとなった、取組方針作成のための会議を多数開催し、そこで出た意見をもとに、経営陣も対話・議論に加わり、取組方針を策定した。

　他方、「トップダウン方式」の場合でも、現場が、「現場の考え・意見も聞かずに、経営陣が勝手に決めたものだ」「上からの一方的な指示で、やることが増えて面倒だ」などという意識になり、また、取組方針の内容が現場の実態とずれるなどして、取組方針が現場で実行されない事態に陥らないように、現場の声を吸い上げるべく、以下のような取組みを行ったケースもみられます。

・取組方針の内容を決める際に社内アンケートを実施し、そのアンケート結果を取組方針の内容に反映した。

・取組方針の原案を作成後に社内パブリックコメント（意見募集）を実施して、そこで出た現場の声をふまえて、取組方針を策定した。

　現場が策定に関与することで、現場に主体性や責任感をもたせることもできると考えられることから（経営陣としても、現場に対して、「取組方針の策定に関与したのだから、きちんと実行するように」と指導しやすくなると思われます）、上記の各ケースは有益な取組みであると考えられます。

（注）　会社法上、「重要な業務執行の決定」は取締役に委任することができず、取締役会において行うこととされているところ（同法362条4項）、顧客本位の取組方針の策定・見直しは、「重要な業務執行の決定」に当たると考えられます。

 ## 6　内部監査に関する事例

「内部監査」とは

　「内部監査」とは、一般に、内部監査を受ける各業務部門（注1）の本部部門および営業部門（被監査部門等）から独立した内部監査部門が、被監査部門等における内部管理態勢の適切性・有効性を検証するプロセスのことをいいます。そして、このプロセスは、被監査部門等における内部事務処理等の問題点の発見・指摘にとどまらず、内部管理態勢の評価および問題点の改善方法の提言等まで行うものであり、原則として、内部管理の一環として被監査部門等が実施する検査等（自己点検（注2））は含みません。

このように、内部監査部門（責任者）は、営業部門だけでなく、本部部門（たとえば、コンプライアンス部門（責任者））からも独立していることが想定されています。しかし、人員不足・ノウハウ不足等の問題もあり、多くの保険代理店では、このような独立した内部監査部門（責任者）を設置することは現実的に困難であると思います。

　金融庁も、改正保険業法パブコメ結果において、「全ての保険募集人において、必ずしも独立した内部監査部門による監査が求められるものではありません」としており（同No.462～463）、必ずしも独立した内部監査部門による監査を求めてはいません。

　しかし、そうであるからといって、やすきに流れるわけにはいきません。上記改正保険業法パブコメ結果では、続けて、「その場合にも、保険募集人の規模・特性に応じ、その態勢のあり方が十分に合理的で、かつ、実効性のあるものである必要があります」と釘を刺しています。「その態勢のあり方が十分に合理的で、かつ、実効性」があるというためには、少なくとも、実地調査によって、時間をかけて現物資料・募集記録等を検証することが必要となると考えます（なお、その前提として、募集人が詳細な募集記録を残すことが必要です）。しかし、内部監査といいながら、募集人の自己点検や、募集人へのヒアリングの実施にとどまり、現物資料・募集記録等の検証までなされていない代理店も散見されます。

（注1）　保険代理店の規模・特性はさまざまであり、人員が十分にいない場合には、「部門」ではなく、「責任者」を設置することで対応することも可能であると考えます。ただし、この場合でも、当該保

険代理店の規模・特性に鑑みて、「部門」を設置する場合と同様の「機能」を備えていることが必要と考えます。

（注2）　自己点検とは、一般に、本部部門および営業部門等が業務状況の確認のために自ら実施する検査などの行為のことをいいます。自分で自らの業務状況を点検するというものであるため、客観性に欠ける面があります。

ケース（Ⅱ-6-1）　内部監査の水準に関する事例

········· **課題事例** ··

① 事務不備が放置されたままになっているなど、事務不備監査（事務不備や、社内規程違反等がないかの検証）すら十分になされていない。

② 現場の募集人に対する事務不備監査にとどまり、リスクベース監査に至っていない。

【解　説】

　内部監査においては、内部監査の実施対象となる項目、実施手順、スケジュール等を定めた要領および内部監査計画を策定し、当該要領および内部監査計画に基づき、被監査部門等に対し、効率的かつ実効性のある内部監査を実施することが必要です。そして、そこでは、事務不備の検証および社内規程などへの準拠性の検証にとどまらず、業務または規模・特性に応じたリスクアセスメント（リスク評価）を実施した監査項目の選定（リスクベースアプローチ）、および、経営陣への規律づけの観点からの監査を実施することが望ましいといえます。

実際、金融庁は、内部監査について、「内部監査が事後チェック型監査からフォワードルッキング型監査への転換（過去から未来へ）、準拠性監査から経営監査への転換（形式から実質へ）及び部分監査から全体監査への転換（部分から全体へ）が図られること、かつ、それらを支える内部監査態勢の整備、三様監査（内部監査、監査役等（監査役、監査役会、監査等委員会又は監査委員会）監査、外部監査）の連携が図られているか等を評価の目線としている」としており、内部監査の水準については、以下の段階別評価ができると考えられる、としています（図Ⅱ－6－1参照。金融庁「金融機関の内部監査の高度化に向けた現状と課題」（2019年6月）2頁）。

・第一段階（Ver.1.0）：事務不備監査（事務不備、規程違反等の発見を通じた営業店への牽制機能の発揮）
・第二段階（Ver.2.0）：リスクベース監査（リスクアセスメントに基づき、高リスク領域の業務プロセスに対する問題を提起）
・第三段階（Ver.3.0）：経営監査（内外の環境変化等に対応した経営に資する保証を提供）

図Ⅱ－6－1　内部監査の水準（概念図）

	第一段階（Ver.1.0） （事務不備監査）	第二段階（Ver.2.0） （リスクベース監査）	第三段階（Ver.3.0） （経営監査）
役割 使命	事務不備、規程違反等の発見を通じた営業店への牽制機能の発揮	リスクアセスメントに基づき、高リスク領域の業務プロセスに対する問題を提起	内外の環境変化等に対応した経営に資する保証を提供
	過去／形式／部分		未来／実質／全体

出所：金融庁

保険代理店においては、いまだ事務不備監査（事務不備や、社内規程違反等がないかの検証）すら十分になされていない例もみられ、そこから進んだとしても、現場の募集人に対する事務不備監査にとどまっている例も多くみられます。事務不備や社内規程違反は、募集人の業務状況と社内ルールを照らし合わせることで発見でき、事務不備監査はさほど難易度が高くない半面、リスクベース監査および経営監査は難易度が高いということが、事務不備監査にとどまる理由の１つであると思われますが、そこで満足せずに、リスクベース監査や経営監査へと、さらにステップアップしていくことが重要です。

　リスクベース監査では、業務または規模・特性に応じたリスクアセスメント（リスク評価）を実施して監査項目を選定することが必要となりますが（注）、これが適切になされている保険代理店は少ないと思われます。

（注）　あくまでも一例であり、これに限るものではありませんが、たとえば、表Ⅱ－６－１のような着眼点で、自社のリスクの所在・リスク量がどの程度あるのかを分析することが考えられます（加えて、ケース（Ⅲ－６－４）の項目も参照）。なお、コンプライアンス・リスク管理基本方針３頁では、「コンプライアンス・リスクは、ビジネスと不可分一体で、往々にしてビジネスモデル・経営戦略自体に内在する場合が多く、その管理は、まさに経営の根幹をなすものである」と指摘されており、自社の「ビジネスモデル・経営戦略」をふまえて、「コンプライアンス・リスク」を判断する必要があります。

表Ⅱ－6－1　リスク評価にあたっての着眼点

規模	募集人数・役職員数 拠点数 生保手数料・損保手数料の金額・割合 生保の新規件数・保有件数、損保の新規件数・保有件数 乗合数・取扱商品数 など
募集形態	比較推奨の方法（注1） 取扱上位の商品 来店型、訪問販売型、インターネットの活用の有無・程度（注2） 募集関連行為従事者の利用の有無・程度 他代理店との共同募集等の業務提携の有無・程度（注3） など
戦略	他代理店の積極的買収 他業（保険代理店業務以外の事業）の有無・程度 など
顧客層、ターゲット顧客層	富裕層 ファミリー層 高齢者 など
特に留意を要する案件	特定保険契約（外貨建て保険、変額保険、変額年金保険等）（注4） 乗換募集、（損保の）満期時の切替え、（損保の）特約の補償の不担保 高齢者募集 早期解約・失効案件、クーリングオフ案件、苦情案件 など

注1：一般に、以下の①～③の方法があります。
　　①　顧客の意向に沿って商品を選別し、商品を推奨するパターン
　　　※　（顧客の意向に対応した）商品特性や保険料水準等の客観的な基準

や理由等により、保険商品を絞り込んで、顧客に提示する方法（保険業法施行規則227条の2第3項4号ロ、監督指針Ⅱ－4－2－9(5)①②）

② 自店独自の推奨理由・基準に沿って商品を選別し、商品を推奨するパターン

※商品特性や保険料水準等の客観的な基準や理由等に基づくことなく、（特定の保険会社との資本関係やその他の事務手続・経営方針上の理由等により）保険商品を絞り込んで、顧客に提示する方法（保険業法施行規則227条の2第3項4号ハ、監督指針Ⅱ－4－2－9(5)③）

③ 上記②の方法で、自店独自の推奨理由・基準に沿って商品（複数の商品）を選別した後、上記①の方法で、顧客の意向に沿って商品を選別し、商品を推奨するパターン

注2：近時、新型コロナウイルス感染症の影響による対面営業の制限に伴い、オンラインでの募集・保全活動も広がっていますが、オンラインでの活動における募集管理や情報セキュリティ管理等をいかに行うかも十分に精査・検討する必要があります。

注3：生命保険協会「保険募集人の体制整備に関するガイドライン」では、「保険会社および保険募集人は、共同募集を行う各保険募集人の業務内容・範囲および当該業務における顧客サービスの質を明確化・把握する必要がある」「募集実態を伴わない、いわゆる『共同取扱』は、保険募集人の自立化および資質向上の観点および公正な募集の確保の観点から問題があることから、保険会社は、共同取扱に関する社内規定を定めたうえで適正な管理を行い、保険募集人は、保険会社における共同取扱に関する社内規定等に従い実施する必要がある」等と規定し、また、「ある募集人が実質的に保険募集業務や代理店業務等を何ら行っていないにも関わらず、他の保険募集人と成績、手数料を折半する行為」が「不適切と考えられる」と指摘されており、留意が必要です。

注4：外貨建て保険の保有増を背景とした苦情件数の増加等もあり、生命保険協会「市場リスクを有する生命保険の募集等に関するガイドライン」において、「適合性確認の強化」（同ガイドラインⅡ・2(1)⑤、Ⅱ・4(2)）と「アフターフォローの強化」（同ガイドラインⅢ）が謳われており、留意が必要です。

ケース（Ⅱ－6－2）　内部監査における検証不十分

········· 課題事例 ·········

内部監査は行っていても、募集人へのヒアリングにとどまって

いたり、各募集人の販売実績の検証や、募集記録等の現物資料の確認が十分になされていないため、問題点の発見が的確になされていない。

【解　説】

　内部監査は行っていても、募集人へのヒアリングにとどまっていたり、各募集人の販売実績の検証（注1）や、募集記録等の現物資料（書面資料のほか、電磁的記録（顧客対応履歴データ等）や通話録音等を含みます）の確認（注2）が十分になされていないため、問題点の発見が的確になされていない事例が散見されます。詳細は、保険募集管理態勢での解説に譲りますが、たとえば、募集記録について、「第三者の目から見ても、きちんとわかる記録となっているか」との視点がないために、当方の監査において不十分な記録と指摘したものが、当該代理店における内部監査では問題がないものとして看過されていたというケースは少なくありません。募集記録がつけられているか、という観点にとどまらず、募集記録の内容が適切かつ十分か、という観点で検証する必要があります。

（注1）　関東財務局ヒアリング結果では、「比較推奨販売の適切性が担保されているか確認するために各募集人の販売実績を毎月確認。特定の商品に販売実績が偏っていることはなかったが、各募集人の前職の所属保険会社等に偏った販売実績となっているなど、比較推奨販売の適切性が十分に担保されてない実状が判明したため、現在、推奨方針を含めゼロベースで見直しを進めている」（同9頁）といった、比較・推奨の適切性を検証する観点から、各募集人の販

売実績を確認している事例が、参考事例としてあげられています。

（注２）　関東財務局ヒアリング結果では、「監査内容としては、日報等の記録から募集人毎に成約事例を選び、募集当時の経緯や内容の確認することで、コンサルティングの適切性を担保している」（同12頁）、「実査形式（１日／１拠点）に変更して、意向把握や活動記録、個人情報の取扱いなどの適切性を重点的に確認するように改めた」（同16頁）といった、募集記録等の現物資料の確認を行っている事例が、参考事例としてあげられています。

<hr>

（ケース（Ⅱ−6−3））　問題点の原因分析不十分

…… 課題事例 ……

内部監査において問題点の指摘がなされているが、社内ルールに関する募集人の認識・理解不足といった募集人個人の問題として終わらせているなど、その原因分析が不十分であり、改善策も不十分なものとなっている。

【解　説】

内部監査において問題点の指摘がなされていても、その原因分析が不十分な事例が散見されます。そして、改善策は、問題点の原因を改めるものであるため、原因分析が不十分であると、改善策も不十分なものとなります（改善の方向を間違ってしまい、本質的な改善につながらず、無駄な作業を行うことにもなります）。

原因分析として、社内ルールに関する募集人の認識・理解不足といった募集人個人の問題として終わらせている事例が少なくありませんが、そこでとどまるのではなく、態勢面に原因がない

表Ⅱ－6－2 「経営陣―管理者―現場」各階層のPDCAサイクル

階　層	P	D	C	A
経営陣	・経営方針の策定 ・法令等遵守方針の策定 ・組織体制の枠組みの策定	・法令等遵守規程、マニュアル等の策定の指示	・コンプライアンス点検の実行の指示 ・管理者等からの報告をもとに、問題点等を把握 ・問題点等の原因の分析（または原因分析の指示）	・分析結果に基づき、問題点等の改善案の策定
管理者	・法令等遵守規程、マニュアル等の整備	・社内研修等を通じた、法令等遵守規程、マニュアル等の周知徹底、実行・運用の指示	・コンプライアンス点検の実行 ・現場に対する自主点検の実行の指示 ・現場からの報告をもとに、運用上の問題点等を把握 ・問題点等の原因の分析	・分析結果に基づき、問題点等の改善案の策定 ・問題点等の原因分析結果および改善案の経営陣への報告 ・問題点等の改善指導・改善状況の確認
現　場	・法令等遵守規程、マニュアル等の理解	・法令等遵守規程、マニュアル等に基づく業務の実行	・自主点検の実行 ・問題点等の原因の分析	・分析結果に基づき、問題点等の改善案の検討・報告 ・問題点等の改善活動

か、つまり、経営陣や管理者が担うべきPDCAサイクルの各プロセスに原因がないのかといった視点をもつことが重要です。たと

えば、社内ルールに関する募集人の認識・理解不足があるとした場合、なぜ、そのような事態が生じたのかを態勢面から分析することが必要です。その原因としては、社内ルールの記載内容が不明確でわかりにくい（「Ｐ」に原因があります）、研修の内容や頻度等の研修体制が不十分である（「Ｄ」に原因があります）といったこと等が考えられます。

　法令等遵守態勢における「経営陣レベル―管理者レベル―現場レベル」の３層構造での各階層のPDCAサイクルのイメージは表Ⅱ－６－２のとおりです（あくまでも一般的なイメージであり、各代理店の規模・特性によっては、経営陣と管理者が同一ということもあると思いますし、それぞれの役割がこれとは異なるということもありますので、その点はご留意ください）。この表にあげられた項目のうち、どの項目に不備があるのか、といった観点で検証することが考えられますが（注）、このような原因分析の深掘りがなされている代理店は多くありません。

(注)　加えて、たとえば、「なぜを５回問う」ことで、「真因」につながることもあります。

ケース（Ⅱ－６－４）　問題点の改善策不十分

········ **課題事例** ···

　募集手続不備の「改善策」として、

「募集人の認識不足を改める」

「募集人に対する指導を徹底する」

「今後、手続を失念しないように注意する（気をつける）」

といった、具体的にどのように改善するのかが不明瞭なものとな

っており、本質的な改善につながっていない。

....

【解　説】

　たとえば、募集手続不備の「改善策」として、

「募集人の認識不足を改める」

「募集人に対する指導を徹底する」

「今後、手続を失念しないように注意する（気をつける）」

といった、具体的にどのように改善するのかが不明瞭なもの（いわゆる精神論のみで対応しており、具体的なプロセスの改善等の検討までなされていないもの等）が散見されますが、これでは本質的な改善につながりません。

　この要因としては、以下のようなものが考えられます。

① 態勢面にまで踏み込んだ（「経営陣レベル―管理者レベル―現場レベル」の３層構造における、各階層のPDCAサイクルにまで深掘りをした）原因分析ができていない（ケース（Ⅱ－６－３）参照）

② 営業現場に改善策を策定させており、内部監査責任者や経営陣がその内容をきちんと検証していない

　上記①について、表層的な原因分析・それに基づく改善策ではなく、"プロセスに落とし込んだ"改善策が重要です。

　たとえば、募集手続不備の改善策であるなら、「不備が発生しないように、事務員とのダブルチェックを行い、チェックしたことがわかるように記録化する」といった、"チェックのプロセス"、"記録のプロセス"に落とし込むようなものが必要となります。

上記②について、営業現場が改善策を策定する場合、（改善策によって業務負荷をあまりかけたくないという思いがあるためであると思われますが）安易な内容・表層的な内容ですませる傾向がみられます。そうした事態を防ぐべく、営業現場が改善策を策定するのであれば、その改善策でよいのかについて、内部監査責任者や経営陣も交えて十分に協議する必要があります。

さらに、原因を同じくする問題がかたちを変えて他の問題を生じさせることがないのか（注）、といった点にも留意をして、視野を広げて改善策の策定に取り組むことが重要です。

（注） コンプライアンス・リスク管理基本方針４頁では、「発生した問題事象の再発防止について、社内手続等を加重するといった形式的対応にとどまりがちで、問題事象の根本原因（経営陣の姿勢、ビジネスモデル・経営戦略、企業文化等）まで遡り、原因を同じくする問題が形を変えて再発することを防ぐという視点が弱い」（下線は筆者）との指摘がなされています。

ケース（Ⅱ－6－5） 改善策の進捗確認の不備

········ **課題事例** ········

内部監査で指摘した問題点の改善策を策定したが、その進捗状況の確認・フォローを行っていないため、改善策が進捗していない（完了していない）ことが、後日発覚した。

【解　説】

内部監査で指摘した問題点の改善策を策定しても、その進捗状況の確認・フォローが行われておらず、改善策が進捗していない

表Ⅱ－6－3　監査指摘事項の改善策・進捗状況確認表の例

監査指摘事項	原因分析	改善策の内容	改善策の策定期限	フォロー日	フォロー内容・結果
内部監査日直近3カ月の意向把握シート50件を検証したところ、20件の意向把握シート項目に記入もれがあった。	保険募集管理責任者が、意向把握シートの使用手順に関する具体的な社内ルールを策定していなかった。	①保険募集管理責任者が勉強会を開催して、意向把握シートの正しい使用手順について、直ちに社内周知を行う。	①●年●月●日	①▲年▲月▲日	①■年■月■日に、保険募集管理責任者が勉強会を開催して、意向把握シートの正しい使用手順について社内周知を行ったことを確認した（確認者：代表取締役A）。
		②保険募集管理責任者が、意向把握シートの使用手順に関する具体的な社内ルールを策定する。	②○年○月○日	②△年△月△日	②□年□月□日に、保険募集管理責任者が、意向把握シートの使用手順に関する具体的な社内ルールを策定したことを確認した（確認者：代表取締役A）。
		③保険募集管理責任者が勉強会を開催して、上記②の社内ルールについて社内周知を行う。	③◆年◆月◆日	③▼年▼月▼日	③▽年▽月▽日に、保険募集管理責任者が勉強会を開催して、上記②の社内ルールについて社内周知を行ったことを確認した（確認者：代表取締役A）。

図Ⅱ－6－2　監査指摘事項改善策のPDCAサイクル

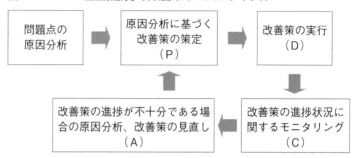

（完了していない）といったことが、後日発覚する事例が散見されます。

　このような事態に陥らないために、たとえば、「監査指摘事項」「原因分析」「改善策の内容」「改善策の策定期限」「フォロー日」「フォロー内容・結果」といった項目の表を作成し、改善策を策定して一定期間経過後（たとえば3カ月経過後など）に改善策の進捗状況をチェックするなど改善状況のフォローを行うことをあらかじめ決めておき、それに基づいて進捗確認を行うことが有用です（表Ⅱ－6－3参照）。

　そして、改善策が十分に進捗していないような場合には、さらにその原因を分析して、改善策の見直しを検討するといった作業を行うことが必要であり、図Ⅱ－6－2のように、監査指摘事項・問題点の改善策の実行において、PDCAサイクルを回すことが重要です。

法令等遵守態勢

1 不祥事件等の対応に関する課題事例

（ケース（Ⅲ−1−1）） 不祥事件等の報告ルールの不備

········· **課題事例** ···

　不祥事件や不祥事件疑義案件（不祥事件に該当する疑いがある案件）の報告・対応等に係る具体的な手順（どのタイミングで、だれに、どのような方法で、いかなる内容を報告するのか等）が策定されておらず、明確になっていない。

··

【解　説】

　不祥事件や不祥事件疑義案件（不祥事件に該当する疑いがある案件）（以下、あわせて、「不祥事件等」という）の報告・対応等に係る具体的な手順（どのタイミングで、だれに、どのような方法で、いかなる内容を報告するのか等）が策定されておらず、明確になっていない代理店がみられます。これでは、不祥事件等が発生した場合に、初動対応が遅れるおそれがあるほか、当該不祥事件等を隠蔽した等とみられ、厳しい評価を下されるおそれもあります（注）。

　なお、保険会社が保険業法に基づき金融庁または財務局に届出義務を負う不祥事件は、表Ⅲ−1−1の各行為をいいますが（保険業法施行規則85条8項）、⑥のバスケット条項があるため、不祥事件に該当するか否かの判断がむずかしいケースがあります。そのような判断に悩む場合に、そのまま放置することなく、直ちにコンプライアンス責任者や弁護士等に連絡して相談するような態

表Ⅲ－1－1　保険会社が金融庁または財務局に届出義務を負う不祥事件

---

① 保険会社の業務を遂行するに際しての詐欺、横領、背任その他の犯罪行為

② 出資の受入れ、預り金及び金利等の取締りに関する法律（出資法）に違反する行為

③ 保険業法第294条第1項、第294条の2若しくは第300条第1項の規定、同法第300条の2において準用する金融商品取引法第38条第3号から第6号まで若しくは第9号若しくは第39条第1項の規定若しくは第234条の21の2第1項の規定に違反する行為又は保険業法第307条第1項第3号に該当する行為

④ 現金、手形、小切手又は有価証券その他有価物の紛失（盗難に遭うこと及び過不足を生じさせることを含む。）のうち、保険会社の業務の特性、規模その他の事情を勘案し、当該業務の管理上重大な紛失と認められるもの

⑤ 海外で発生した前各号に掲げる行為又はこれに準ずるもので、発生地の監督当局に報告したもの

⑥ その他保険会社の業務の健全かつ適切な運営に支障を来す行為又はそのおそれのある行為であって前各号に掲げる行為に準ずるもの

勢を構築しておくことが重要です。

（注）　金融庁「行政処分の基準」では、「隠蔽の有無：問題を認識した後に隠蔽行為はなかったか。隠蔽がある場合には、それが組織的なものであったか」が判断要素に含まれています。

不正のトライアングル

1 「不正のトライアングル」とは

　不祥事を防止する取組みとしては、「不正のトライアング
ル」の考え方が有益です。

　「不正のトライアングル」とは、米国の犯罪学者ドナル
ド・R・クレッシーが、横領を題材に行った実証研究により
導き出した仮説をいい、人は横領を犯す「動機」をもち、横
領を犯せる「機会」を認識して、自らの横領行為を「正当
化」できる理由を見出したときに、横領行為に踏み出すとい
う3つの要因が示されています。「不正のトライアングル」
は横領が題材となっていますが、他の不正行為にも適用でき
ます。

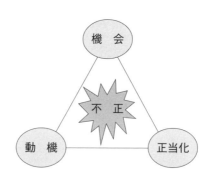

2 「動機」「機会」「正当化」の具体例

　架空取引を例にとると、「動機」としては、たとえば、営
業成績・営業目標（ノルマ）のプレッシャー（営業目標を達成

できないと賞与の査定に大きく響く、ノルマを達成できないと上司から怒鳴られる等）が考えられます。「機会」としては、たとえば、職員に対する管理不行き届き（チェック態勢の不備や上司による管理の怠慢等）があり、このような状態では、職員は架空取引を行いやすくなります。「正当化」としては、たとえば、「会社や上司の期待に応えるためには、架空取引を行っても仕方がない」、また、「他の職員もやっているし、架空取引なんてよくあることだ」といったような心理状態が考えられます。

3　不祥事防止の対策

　上記の「動機」「機会」「正当化」の発生を防止する視点が有用であり、たとえば、次のような対応策が考えられます。

・社内ルールの策定・周知、社内ルールの重要性（趣旨・目的）の認識の徹底（「機会」および「正当化」の防止）

・不祥事がもたらす具体的な影響（会社、自身（懲戒処分、損害賠償、刑事処罰等）、家族等への影響）の周知（「正当化」の防止）

・倫理研修の実施・充実（「正当化」の防止）

・結果だけでなく、プロセスを評価する人事評価制度（「動機」の防止）

・日頃からの部下とのコミュニケーション、職員の身上把握（定期面談等）（「機会」の防止）

・部下の業務の進捗管理の徹底（「機会」の防止）

・（抜き打ち監査を含む）内部監査の徹底（「機会」および「正当化」の防止）

これらの対策は有効ではありますが、残念ながら、不祥事を防止するために、これさえやっておけば大丈夫という万能な対策はありません。複数の対策を組み合わせながら、地道に取り組むことが必要です。

ケース（Ⅲ－1－2） 不祥事件等の再発防止策の策定の不備

········ **課題事例** ········

不祥事件等が発生したことを受け、再発防止策の策定がなされているが、具体的にどのように再発防止に取り組むのかが不明瞭なものとなっている。

【解　説】

不祥事件等が発生したことを受け、再発防止策の策定がなされているが、（ケース（Ⅱ－6－4）の事例と同様に）具体的にどのように再発防止に取り組むのかが不明瞭なもの（いわゆる精神論のみで対応しており、具体的なプロセスの改善等の検討までなされていないもの）がみられます。態勢面にまで踏み込んだ（「経営陣レベル―管理者レベル―現場レベル」の3層構造における、各階層のPDCAサイクルにまで深掘りをした）原因分析を行い、それをふまえた再発防止策を策定することが重要です。

ケース（Ⅲ－1－3） 再発防止策の進捗確認の不備

········ **課題事例** ········

不祥事件等が発生したことを受け、再発防止策を策定したもの

の、その進捗状況の確認・フォローを行っていないため、再発防止策が進捗していない（完了していない）ことが、後日発覚した。

【解　説】

　不祥事件等が発生したことを受け、再発防止策を策定したものの、（ケース（Ⅱ－6－5）の事例と同様に）その進捗状況の確認・フォローが行われていないケースがみられます。再発防止策を策定しても、その進捗管理を行わなければ、そのまま実行されずに放置されるおそれもあることから、フォローアップの期日を事前に決めるなどして、再発防止策の進捗状況のフォローアップを実施する必要があります。

 ## 2　事務事故対応に関する事例

ケース（Ⅲ－2－1）　事務事故に関する情報集約等の不備

········· 課題事例 ···

　（支社展開をしている保険代理店において）複数の支社で、同種の事務事故が発生しているが、本部で情報集約をしておらず、再発防止策も各支社長が策定しており、会社として、その原因分析・改善策の策定等までは行っていない。

【解　説】

　（支社展開をしている保険代理店において）複数の支社で、同種の事務事故が発生しているが、本部で情報集約をしておらず、再発

防止策も各支社長が策定しており、会社として、その原因分析・改善策の策定等までは行っていないケースがみられます。複数の支社で、同種の事務事故が発生しているような場合には、態勢上の原因（PDCAサイクルにおける原因）が疑われ、そのままの状態を放置すると、より大きな問題を惹起するおそれもあります。そうした事務事故事例を集約して、慎重に原因を分析することが重要です。

　また、個別の事務事故に対する改善策の策定にとどまらず、個別事案の対応を超えた全社的な態勢にまで踏み込んだ原因分析および改善策を策定・実施し（その際には、アクションプランの対応期限やスケジュール感を具体化することが重要です）、当該改善策の進捗状況の確認・フォローを行うことが重要です。

ケース（Ⅲ－2－2）　事務ミス対応に関する参考事例

参考事例

　事務ミス（顧客に不利益を及ぼさない自社内のミス等で、保険会社への報告事案に達しないレベルのものを含む）が発覚した場合に、重大なミスでなくても、自主的に、それらを集約して社内で共有し、原因分析を行い、改善策の策定等を行っている。

【解　説】

　事務ミス（顧客に不利益を及ぼさない自社内のミス等で、保険会社への報告事案に達しないレベルのものを含む）が発覚した場合に、それ自体は重大なミスでなくても、ハインリッヒの法則（注）もふまえて、将来、重大事象につながるおそれもあることから、自

主的に、それらを集約して社内で共有し、原因分析を行い、改善策の策定等を行っている代理店がみられます。このような取組みは参考になると考えます。

(注) 労働災害における経験則の1つであり、1つの重大事故の背後には29の軽微な事故があり、その背景には300の異常（ヒヤリ・ハット（ヒヤリとしたりハッとしたりする危険な状態））が存在するというものです。

3 内部通報制度に関する事例

ケース（Ⅲ－3） 内部通報制度の周知不足

········ **課題事例** ·········

（内部通報制度を有する保険代理店において）内部通報制度の趣旨・意義・内容等に関する社内周知が不十分であり、同制度の利用実績が乏しい状態になっている。

【解　説】

　内部通報制度はコンプライアンス・不祥事防止の「最後の砦」として、重要な意味をもっており、これをどのように機能させるかは重要課題といえます（注1）（注2）。

　内部通報制度を有する保険代理店もありますが、その多くで同制度の利用実績は乏しい状態となっています（利用件数が、たとえば、直近3年間で1～2件程度であるなど）。その原因として、内部通報制度の趣旨・意義・内容等に関する社内周知の不十分さが

あげられることが多いといえます（注3）。

（注1）　公益通報者保護法では、事業者に対し、

・内部通報の受付業務、公益通報対応業務従事者（通報対象事実の調査業務および是正に必要な措置をとる業務に従事する者）を定める義務

・内部通報に適切に対応するために必要な体制の整備等の義務

を課しています。

これらは、従業員数が300人以下の中小事業者では努力義務とされていますが、適切な内部通報制度構築の社会的要請の高まりをふまえると、中小事業者における同制度の整備は課題であるといえます。

（注2）　内部通報制度の取組みにあたっては、消費者庁の「公益通報者保護法を踏まえた内部通報制度の整備・運用に関する民間事業者向けガイドライン」（https://www.caa.go.jp/policies/policy/consumer_system/whisleblower_protection_system/overview/pdf/overview_190628_0004.pdf）等が参考になります。

（注3）　傾向と課題8頁では、「内部通報制度については、通報者の選択肢の幅を広げるべく通報窓口を複数用意する方法、匿名性を高める観点から外部の第三者へのアクセスを促進する方法、不適切な行為に気づいていながら報告漏れがあった場合に懲罰や減点評価につなげる方法等、企業価値を大きく毀損するような不正の防止に役立つ内部通報制度の確立に向け、各社は、利用促進やその実効性を高める方法を検討している。もっとも、内部通報制度は存在していたものの、有効に機能せず問題事象につながった事例も見受けられるところ、利用促進やその実効性を高めるべく、更なる改善が引き

続き望まれる」として、参考事例（同10頁以下）、問題事例（同12頁）が掲載されており、参考になります。

4 コンプライアンス研修に関する事例

ケース（Ⅲ−4−1） 自社の社内規程・マニュアル等に関する研修の未実施

········· **課題事例** ·········

　保険会社のテキストや保険会社作成の資料等を用いた研修は行っているが、自社の社内規程・マニュアルの内容等を役職員に周知・指導するための研修がなされていない。

【解　説】

　保険会社のテキストや保険会社作成の資料等を用いた研修を行うことは重要ですが、内容はどうしても汎用的なものとなり、各保険代理店の実情・特性等に即した留意点等の指導・周知にはなりません。自社の社内規程・マニュアルの内容等を役職員に周知・指導するための研修がなされていない場合、社内規程・マニュアル等が社内に浸透しないおそれがあります。

ケース（Ⅲ−4−2） 研修テーマの検討不十分

········· **課題事例** ·········

　研修は行っているものの、研修テーマが毎年同様の内容であり、その時々の規制環境や社会の動向等をふまえた実効性のある

内容となっていない。

【解　説】

　研修は行っているが、研修テーマが毎年同様の内容である保険代理店が散見されます。重要性が高く、何度も取り上げるべきテーマもなかにはあるとは思いますが、その時々の規制環境（法改正、監督指針の改正、金融庁の方針等）や社会の動向等をふまえたテーマを設定できていない場合、実効性のある研修にならないと思われますので、研修内容については十分に検討する必要があります。

（ケース（Ⅲ－4－3））　支社間の研修内容の差異

　　　　課題事例

　（複数支社を有する保険代理店の場合）支社間で研修の頻度・内容が異なっており、支社間で募集品質等に差が生じている。

【解　説】

　複数支社を有する保険代理店において、支社間で研修の頻度・内容が異なっているケースがみられますが、これでは支社間で募集品質等に差が生じるおそれがあります。こうした支社間の差異を解消する取組みが重要です（注）。

（注）　たとえば、同一のビデオ研修を行ったり、研修の模様の動画配信等を行って、支社間の研修の頻度・内容の差異を解消することが考えられます。

確認テストの未実施

········ **課題事例** ········

　社内研修を行っても、その内容に関する確認テスト（習熟度テスト）を行っておらず、研修受講者の研修内容に関する理解度を把握していない。そのため、一部の募集人が、研修内容を理解しないまま募集業務に従事し、コンプライアンス違反を犯した。

【解　説】

　社内研修を行っても、その内容に関する確認テスト（習熟度テスト）を行っていない保険代理店が散見されますが、これでは、研修受講者の研修内容に関する理解度を把握することは困難であり、研修内容を理解しないまま募集業務に従事した募集人がコンプライアンス違反を犯すこともあります。確認テスト（習熟度テスト）の実施（注）、また、その結果をふまえた募集人指導等を行うことが重要です。

（注）　たとえば、自社の社内規程・マニュアルから抜粋した穴埋め問題など、記入方式の確認テストを実施すること等が考えられます。

欠席者への対応不十分

········ **課題事例** ········

　研修の欠席者に対するフォローとして、欠席者に研修資料を渡して自学自習するよう指導する、あるいは、そのポイントを説明するにとどまっており、欠席者が研修内容を理解しないままとなっている。

【解　説】

　研修の欠席者に対するフォローとして、欠席者に研修資料を渡して自学自習するよう指導する、あるいは、そのポイントを説明するにとどまっているケースが散見されますが、これでは、研修内容の周知・理解が十分になされないおそれがあります。欠席者に対して再度同じ内容の研修を行うことが負担であるのであれば、たとえば、研修の模様を動画撮影し、欠席者にはそれを閲覧させるといった対応も考えられます。

ケース（Ⅲ－4－6）　研修記録の不備

……… 課題事例 ……………………………………………………………………

　研修を行ったが、研修記録を残しておらず、研修内容の事後検証ができない状態になっている。

…………………………………………………………………………………………

【解　説】

　研修を行った場合に、研修記録（注）が残されていないケースが散見されます。これでは、いかなる研修を行ったのかの事後検証が困難となります。PDCAサイクルにおける「D」（教育・管理・指導）を適切に行っていることを示すためにも、研修記録を残す必要があります。

（注）　研修日時、研修内容、参加者、欠席者（研修に出席する必要が
　　　あるのに欠席した者）、欠席者がいた場合に、当該欠席者に対して、
　　　いつどのようなフォローをしたのか等の記録を残す必要があります。

研修方法に関する参考事例

‖‖‖‖‖ **参考事例** ‖‖‖

　実践的な研修として、事務員を含む他の役職員が顧客役になり、当該募集人が、社内規程等にのっとった適切な募集を行うことができるのかをチェックするなどのロープレ（ロールプレイング）研修を行い、募集人における募集手順の理解を深めている。

‖‖

【解　説】

　実践的な研修として、事務員を含む他の役職員が顧客役になり、当該募集人が、社内規程等にのっとった適切な募集を行うことができるのかをチェックするなどのロープレ（ロールプレイング）研修を行っている保険代理店がみられます。営業トークの教育の面もありますが、募集手順等が適切に実施できているかというコンプライアンス教育の面からのロープレ研修も有益であり、生保・損保、対面・非対面等、各保険代理店の販売手法等にあわせて、ロープレを活用することが考えられます（注1）（注2）。

（注1）　ロープレ研修では、「●●の手順が踏まれているか」といったチェック項目を作成したうえで、顧客役の役職員、あるいは、ロープレのようすをモニタリングする他の役職員が、チェック項目に即して、当該募集の適否を評価する等の方法が考えられます。

　　　　また、複数の募集人に対して、同じ顧客属性・条件等の設定でロープレを行い、同様の商品提案がなされるかといった観点で検証することも考えられます。それぞれ異なる商品が提案された場合には、なぜそうなったのかの分析を行い、それを社内で情報共有することも有用です。たとえば、募集人Ａは、商品Ｘの商品性を優れた

ものと考えているが、他方で、募集人Bは商品Yの商品性を優れた
ものと考えており、募集人によって、商品性に対する評価に違いが
あることも考えられますが、その場合、社内でそれぞれの見解の妥
当性を検討し、会社としてはどう考えるのかを整理する必要があり
ます。

（注2） 関東財務局ヒアリング結果16頁では、「コンプライアンス研
修は、募集人持ち回りで、テーマ決定から資料作成、講師までを行
わせている。募集人自身が法令等を学び事例を収集するなど、コン
プライアンスの意識の向上に寄与している」との事例が掲載されて
おり、このような募集人持ち回りの研修方法も参考になります。

 5 人事・報酬制度に関する事例

（ケース（Ⅲ－5）） コンプライアンス要素の人事評価への未
反映

········ **課題事例** ···

　募集人がコンプライアンス違反をした場合に、懲戒処分を下す
ことができる旨の規定はあるものの、コンプライアンス違反をマ
イナスに評価する人事評価・報酬制度になっていない。また、顧
客本位の取組みをプラスに評価したり、表彰したりする等の制度
になっていない。

··

【解　説】

　コンプライアンス・リスク管理基本方針5頁でも、「一般的

に、人事・報酬制度は、個々の役職員へのインセンティブとして作用し、そのあり方は、役職員の行動に大きく影響を及ぼすものであることから、コンプライアンス・リスク管理と密接に関連するものであると言える。そのため、経営陣が示した姿勢やあるべき企業文化と整合的な形で人事・報酬制度を設計し、実際に運用することが重要となる」（下線は筆者）と記載されているように、コンプライアンス・リスク管理と人事・報酬制度は密接に関連しています。

　保険代理店においても、たとえば、営業部門の予算を廃止することで、予算達成等のための過度な営業推進を抑制して、顧客本位の業務運営の実現につなげるように取り組んでいるところがみられる一方、コンプライアンスの要素を人事評価・報酬制度において十分に考慮していない保険代理店が多くみられ（注1）（注2）、課題といえます。

（注1）　人事評価・報酬制度として、募集人が、①コンプライアンス違反をした場合（最低限のルールを守らない場合）に、マイナスに評価し、他方で、②顧客本位の取組み（最低限のルールは満たしていることを前提として、ベスト・プラクティスに取り組む場合）についてプラスに評価したり、表彰したりする等の両面を盛り込むことが重要です。

　　　上記①はコンプライアンス違反を抑止するという目的があり、上記②は顧客本位の取組みを行うインセンティブを高めるという目的があります。

（注2）　傾向と課題では、以下のような事例が紹介されており、保険代理店においても、人事・報酬制度を構築するうえで参考になります。

・業績評価が高い場合であっても、コンプライアンスや顧客本位の業務運営等の観点から低評価であれば、総合的な評価が低くなる人事評価制度を構築している。

・社内規程等違反が発生した際に、営業店自らが本部に報告する前に顧客からの通報によって発覚した場合、当該営業店を業績表彰の対象外とすることで、報告を促進させている。

・コンプライアンス・リスク管理に係る前向きな取組みやチャレンジを促す観点から、表彰制度や加点評価の導入を検討している。

・本部からのノルマの押し付けや短期での業績が過度に注目された評価がなされる場合、職員が短期的な思考で行動してしまい、顧客に対する高付加価値の営業は達成できず、コンプライアンス・リスクを顕在化させるおそれがあるとの発想の下、評価の基準を収益面の計数中心の基準から、業務品質の向上、顧客とのリレーションの構築、地域社会への貢献度等を中心に据える形に変更した上で、ノルマの押し付けを廃止（目標は、自己で設定させる等の方法で対応）している。

・「フィデューシャリーデューティ（以下、「FD」という。）の徹底こそが、コンプライアンス・リスクの軽減につながる」、「短期的な収益を追求した結果、顧客とのつながりを失うことは、長期的に見れば損失である」との発想の下、FDに資する行動を積極的に評価する人事評価制度を構築している。

・投信・保険販売及び個人ローンの人事評価方法について、職員が顧客の意向に沿わない高い手数料の商品を販売すること

のないよう、金融機関が得られた手数料総額から、商品当た
りの平均手数料を算出し、販売実績に掛け合わせることによ
って評価している。

 # 6 コンプライアンス点検に関する事例

ケース（Ⅲ－6－1） 自己点検以外の点検の不実施等

········ **課題事例** ········

① 募集人による自己点検を行うのみで、第三者による社内点検
を行っていない。

② 点検者や店主が行った募集活動について、自らがチェックを
してすませている。

【解　説】

　募集人による自己点検を行うのみで、第三者による社内点検を
行っていない事例がみられますが（上記①）、これでは、客観性
のある公正な検証は困難であることから、当該募集人本人以外の
第三者による社内点検を実施することが求められます。

　また、点検者や店主が行った募集活動について、自らがチェッ
クをしてすませているケースもみられますが（上記②）、これで
は点検の客観性・公正性に欠けることから、別の者が点検を行う
必要があります（注）。

（注）　関東財務局ヒアリング結果12頁では、「内部管理に係る人員が

十分ではないため、被監査支店以外の募集人を監査担当として選び、クロス監査を実施」している保険代理店が紹介されていますが、専任の点検者を確保できない場合には、次善策として、募集人同士で相互チェックを行うことも考えられます。

ケース（Ⅲ－6－2） 現物資料の検証の不実施

········ **課題事例** ··

コンプライアンス責任者による点検は行っているが、募集人へのヒアリングにとどまり、現物資料の検証がなされていない。

···

【解　説】

現物資料（書面資料のほか、電磁的記録（顧客対応履歴データ等）や通話録音等を含みます）の検証がなされていない保険代理店もいまだに散見されますが、募集人へのヒアリングだけでは、点検が形骸化し、問題事象が看過されるおそれがあります。現物資料の内容にまで注目して検証すること（ケース（Ⅲ－6－3）参照）が重要です。

ケース（Ⅲ－6－3） 現物資料の内容の検証の不実施

········ **課題事例** ··

意向把握帳票等の現物資料の検証は行っているが、必要項目の記入もれがないか等の形式面のチェックにとどまり、具体的内容（意向把握が適切になされているか、比較・推奨において申込商品に至る経緯・理由が適切か等）の検証までは行っていない。

···

【解　説】

　意向把握帳票等の現物資料の検証を行っている場合でも、必要項目の記入もれがないか等の形式面のチェックにとどまり、具体的内容（意向把握が適切になされているか、比較・推奨において申込商品に至る経緯・理由が適切か等）の検証まで行っていない保険代理店もいまだに少なくありません。

　そもそも、記録を残す意義としては、①内部監査・コンプライアンス点検を実効的に行うため、②募集人・代理店がトラブルから自らを守るため、③顧客対応の引継ぎを適切に行うため、④マーケティングへの活用のため、⑤営業の進捗管理のため、といったものが考えられますが（Ⅳ・5参照）、具体的内容の検証を行わないと、こうした意義が果たされないことにもなりますので、内容面の検証・分析を行う必要があります。

ケース（Ⅲ－6－4）　コンプライアンス点検項目の不備

　①　リスクベースの点検項目になっていない事例

.... **課題事例** ....

　コンプライアンス点検の項目が毎回同じで固定化されており、リスクベースの点検項目になっていない。

....

【解　説】

　コンプライアンス・リスク管理は、リスクベース・アプローチで行うことが基本です。すなわち、リスクの低い事項への対応のためにかけるヒト・モノ・カネは合理的に節約し、リスクの高い事項への対応にヒト・モノ・カネを重点的に配分するという観点

で取り組むことが重要です（注1）（注2）。

　こうしたなか、（重要性が高く、継続的に点検項目とすべき事項も一定程度はあると思われますが）コンプライアンス点検の項目が毎回同じで固定化されており、リスクベースの点検項目になっていない事例が多くみられます。

　たとえば、以下のような項目を分析して（加えて、表Ⅱ－6－1の着眼点も参照）、自社におけるリスクの程度等を整理し、点検項目に反映させることが考えられます。

・経営理念、顧客本位の業務運営方針

　※これは、「してはいけないことをしていないか」というミニマム・スタンダードの観点というよりも、「期待される行為・望ましい行為をきちんと行っているか」というベスト・プラクティスを達成する観点を出すためです。

・事業計画、営業戦略

　※たとえば、営業戦略として、電話募集の件数が相応にある場合には、通話録音を検証して、電話募集の適切性を確認することが考えられ、他の代理店と共同募集を行っている場合は、当該他の代理店の募集状況を確認することが考えられます。また、オンライン募集を拡充する場合、オンライン募集に関するルールの策定状況や情報セキュリティ面を検証することが考えられます。

・自社の態勢上の課題

・過去の指摘事項（保険会社監査、募集人自己点検、コンプライアンス点検、内部監査（内部監査のアウトソーシングを含む）における指摘事項等）

・営業現場から聴取したリスク・懸念・問題意識

　※営業現場に、自らがコンプライアンス・リスク管理の責任主体であるとの意識をもたせるためにも、営業現場においてどのようなリスク・懸念があるかを自ら考えさせ、また、どのような問題意識をもっているかを聴取することは重要です。

・金融行政の動向、法改正・監督指針改正の動向、社会の動向

（注１）　コンプライアンス・リスク管理基本方針10頁では、「費用対効果や、法令の背後にある趣旨等を踏まえた上で、自らのビジネスにおいて、利用者保護や市場の公正・透明に重大な影響を及ぼし、ひいては金融機関自身の信頼を毀損する可能性のある重大な経営上のリスクの発生を防止することに重点を置いて、リスク管理を考える必要がある」として、リスクベース・アプローチでのコンプライアンス・リスク管理が重要である旨を示しています。

（注２）　リスクベース・アプローチで取り組まないと、以下のような問題が生じます（コンプライアンス・リスク管理基本方針９～10頁参照）。

　①　実効性・効率性を十分に考慮しないまま、過大な負担・コストを生じる管理態勢が構築され、経営上の重要課題に十分な経営資源を割くことができない。

　②　発生した問題事象への事後的な対応に集中しがちとなり、将来にいかなるリスクが生じうるかを考え、それを未然に防止するという視点が弱くなる。

アシュアランス・マッピング

　募集人自己点検、（支社がある場合の）支社長点検、（コンプライアンス責任者による）コンプライアンス点検、内部監査（内部監査のアウトソーシングを含む）の各検証で、検証項目のもれや過度な重複等がないかを確認するために、以下のようなアシュアランス・マッピングを作成して、整理することが考えられます。

【アシュアランス・マッピング】

		募集人 自己点検	支社長 点検	コンプライ アンス点検	内部監査／ 内部監査アウト ソーシング
保険募集管理	検証項目				
	検証方法				
顧客情報管理	検証項目				
	検証方法				
			⋮		
労務管理	検証項目				
	検証方法				

② 　社内規程・マニュアルの内容と点検項目が合致していない
　　事例

-------- **課題事例** --

　社内規程・マニュアルの内容とコンプライアンス点検の項目が合致しておらず、社内規程・マニュアルの遵守状況の確認がなさ

れていない。

【解　説】

　たとえば、「顧客サポート等管理マニュアル」では、「お客さま
からの問合せ、相談、要望、苦情および紛争」を管理対象として
いるにもかかわらず、コンプライアンス点検項目では「苦情」の
取扱いに限定して検証しており、同マニュアルとの整合性がとら
れていないなど、社内規程・マニュアルの内容とコンプライアン
ス点検の項目が合致していない事例がみられます。このようなコ
ンプライアンス点検では、社内規程・マニュアルの遵守状況の確
認にはなりませんので、社内規程・マニュアルに即した項目とす
る必要があります。

③　点検項目・内容が不明瞭な事例

課題事例

　コンプライアンス点検の項目・内容が抽象的で不明瞭であるた
め、実効性のあるコンプライアンス点検になっていない。

【解　説】

　たとえば、日報記入の社内ルールが策定されていないこと等か
ら、「日報は正しく入力されているか」との項目について、何を
もって「正しい」というのかが不明確な事例（注1）や、「不適
切な取扱いがあるか」との項目について、何をもって「不適切な
取扱い」というのかが不明確な事例、また、報告期限で「すみや
かに」と記載されているが、「すみやかに」の定義（注2）が不

明確な事例など、点検項目・内容が不明瞭であるため、実効性のあるコンプライアンス点検になっていない事例が散見されます。

（注1）　「正しい」の定義が決まれば、たとえば、パソコンのログと、日報上の活動状況を突合して、日報の記載が「正しい」ものであるか否かを確認することが考えられます。

（注2）　「当日中」「翌営業日まで」など明確にする必要があります。

ケース（Ⅲ－6－5）　点検結果根拠の不備

-------- **課題事例** --------

　コンプライアンス点検の結果報告書で、多くの項目が「問題なし」との結論になっているが、いかなる根拠をもって「問題なし」と結論づけたのかが不明であり、コンプライアンス点検が形骸化している。

【解　説】

　コンプライアンス点検の結果報告書をみると、多くの項目が「問題なし」との結論になっているが、いかなる根拠をもって「問題なし」と結論づけたのかが不明な事例が多くみられます。これでは、コンプライアンス点検が形骸化するおそれがあることから（注1）、いかなる根拠をもって（いかなる記録等を検証して、いかなる理由で）「問題なし」と判断したのかを明記する必要があります（注2）。

（注1）　「問題あり」の場合は、記録等を検証したことが一定程度わかりますが、根拠が不明な「問題なし」の場合は、おざなりな検証を行ったのではないかとの疑いが生じます。

（注２）　ケース（Ⅲ－6－4）③にも関連しますが、コンプライアンス
　　点検項目・内容が不明瞭であると、なぜ「問題なし」となるのかも
　　不明確となることから、コンプライアンス点検項目・内容の明確化
　　を図ることも重要です。

ケース（Ⅲ－6－6）　記録の不備

①　点検時間の記録の不備

········ **課題事例** ········

　コンプライアンス点検の結果報告書において、点検の開始時刻・終了時刻の記録がなく、どれくらいの時間をかけて点検を行ったのかが不明であったり、点検に要した時間のみを記録する形式で、不正確な時間が記載されていたりしており、充実した点検・実効的な点検が行われたのかについて事後的に確認・検証ができない状態になっている。

【解　説】

　コンプライアンス点検の結果報告書において、点検の開始時刻・終了時刻の記録がなく、どれくらいの時間をかけて点検を行ったのかが不明な事例や、点検に要した時間のみ（たとえば、「点検時間：２時間」など）を記録する形式で、不正確な時間が記載されている事例（注）が散見されます。これでは、充実した点検・実効的な点検が行われたのかについて、事後的に確認・検証できないことから、点検の実施日、開始時刻・終了時刻を記録することが重要です。

（注）　たとえば、毎回同じ時間が記載されている事例や、その点検時

間になった詳細を聞いても点検者が回答できない事例等がみられます。

②　点検者の記録の不備

<u>……　課題事例　……………………………………………………………</u>

　点検項目すべてについてコンプライアンス責任者が点検を行ったわけではなく、一部については事務員が点検を行っているにもかかわらず、コンプライアンス点検の結果報告書の点検者欄にはコンプライアンス責任者の氏名が書かれており、コンプライアンス点検の責任の所在が不明確になっている。

………………………………………………………………………………………

【解　説】

　たとえば、コンプライアンス点検の結果報告書の点検者欄にはコンプライアンス責任者の氏名が書かれているが、点検項目すべてについてコンプライアンス責任者が点検を行ったわけではなく、一部については事務員が点検を行っているような事例がみられます（注）。コンプライアンス点検の責任の所在を明確化するためにも、実際に点検を行っている者がだれかがわかるように記録すべきといえます。

（注）　事務手続等については、事務員が確認できるところもあると思われますが、募集実態等に関する項目については、募集実務や保険業法等に関する知識が必要であり、事務員が検証を行うことが困難なケースもあると考えられることから、そもそも事務員による点検が適切な項目であるのかについて、検討することが必要です。

ケース（Ⅲ－6－7） 改善活動の不備

········· **課題事例** ···

　コンプライアンス点検の結果報告書において社内マニュアル違反等の不備が指摘されているにもかかわらず、改善活動がなされないまま放置されている。

···

【解　説】

　コンプライアンス点検の結果報告書において社内マニュアル違反等の不備が指摘されているにもかかわらず、改善活動がなされないまま放置されている事例がみられます。不備等が発見された募集人に対して、コンプライアンス責任者や上司等が改善指導を行うなどの対応をとるほか、プロセスに落とし込んだ改善策（ケース（Ⅱ－6－4）参照）の策定等に取り組む必要があります。

ケース（Ⅲ－6－8） 指導履歴の不備

········· **課題事例** ···

　不備等が発見された募集人に対する指導を行ったにもかかわらず、その指導内容等が記録されていないため、指導内容等の事後検証ができない状態になっている。

···

【解　説】

　不備等が発見された募集人に対する指導を行ったにもかかわらず、その指導内容等が記録されていない事例が散見されますが、これでは指導内容等の事後検証ができません。このような指導記録は、PDCAサイクルにおける「A」の活動を行っていることの

エビデンス（証跡）として重要であり、また、労務管理の観点からも重要です（注）。

（注）　たとえば、社内ルールを遵守しない募集人に対して懲戒処分を出す場合、一般に、コンプライアンス責任者や上司等が当該募集人に指導を行ったが、それでも改善がみられないといった事実が必要になります。このように、懲戒処分を行う際にも、指導履歴は重要です。

ケース（Ⅲ－6－9）　改善策のフォローの不備

········· **課題事例** ·········

　コンプライアンス点検の結果報告書で指摘がなされた事項について、その指摘事項に係る改善策が策定されたのか、また、それが進捗しているか等について、フォローがなされておらず、指摘がなされたものの、改善策が策定・実行されず、放置されている状態にある。

··

【解　説】

　コンプライアンス点検の結果報告書で指摘がなされた事項について、その指摘事項に係る改善策が策定されたのか、また、それが進捗しているか等について、フォローがなされておらず、指摘がなされたものの、改善策が策定・実行されず、放置されている状態にある事例が散見されます。これは、PDCAサイクルにおける「A」の活動がなされていないものとして、問題になりますので、このような放置がなされないよう、改善策の策定状況やその進捗状況等について、フォローを行う必要があります（ケース

（Ⅱ－6－5）参照）。

ケース（Ⅲ－6－10） 点検方法に関する課題

········· **課題事例** ·········

　電話による保険募集・加入勧奨・保全活動等を多く行っているにもかかわらず、通話録音の実施と録音内容の検証がなされていない。

【解　説】

　コンプライアンス・リスク管理はリスクベースで行うものであるところ（ケース（Ⅲ－6－4）①参照）、たとえば、電話による保険募集・加入勧奨・保全活動等を多く行っている保険代理店においては、通話録音の実施と録音内容の検証が重要ですが、これがなされていない事例がみられます（注）。リスクベース・アプローチを意識した点検方法を採用することが重要です。

（注）　電話募集を行っており、通話録音はしているものの、顧客から苦情等が発生した際に、担当募集人と当該顧客とのやりとりを確認するために録音をしているという位置づけで、コンプライアンス点検ではその内容の検証は行っていない、というケースもみられますが、それだけでは不十分と考えられます。

ケース（Ⅲ－6－11）　点検方法に関する参考事例

============ **参考事例** ============

　無予告点検を実施し、コンプライアンス点検の実効性を高めている。

============

【解　説】

　コンプライアンス点検の方法として、予告点検と無予告点検がありますが、その実効性の高さから（注）、無予告点検を実施している保険代理店があり、参考になります。

（注）　実際、無予告点検を行っている保険代理店にヒアリングをすると、無予告点検のほうが予告点検よりも問題点を多く発見でき、有益であるとの見解が聞かれます。また、無予告点検を行うということを社内に宣言することで、社内に一定の緊張感が生まれ、コンプライアンス違反の抑止につながる、という効果も期待できます。

コラム　リモート点検に関する課題

　近時、コンプライアンス責任者や募集人がテレワークを行うケースも増加していると思われますが、紙の募集記録等ではリモートでの点検は困難といえます（コンプライアンス責任者が、紙の募集記録等を自宅に持ち帰って点検することも考えられますが、情報漏えい・紛失のリスクもあり、できれば避けたいところです）。こうした場合には、顧客対応履歴等をシステムで入力・管理し、コンプライアンス責任者がリモートで当

該システムにアクセスして、顧客対応履歴等を点検するといった対応をとることが必要となります（当然ながら、システムセキュリティを確保することも必要です）。このようなIT対応も重要です。

Ⅳ

保険募集管理態勢

募集人管理（募集人の行動管理）に関する不備

ケース（Ⅳ−1） 募集人の行動管理に関する不備

········· **課題事例** ···

募集人の活動予定・活動実績を具体的に把握していない。

··

【解　説】

監督指針Ⅱ−4−2−1(3)①エは、以下のように規定しており、使用人の要件として、①保険代理店から保険募集に関し、適切な教育・管理・指導を受けること、②保険代理店の事務所に勤務すること、③保険代理店の指揮監督・命令のもとで保険募集を行うことが求められます。

保険代理店において、保険募集に従事する役員又は使用人については、以下の要件を満たすことに留意する必要がある。

(ア)　保険募集に従事する役員又は使用人とは、<u>保険代理店から保険募集に関し、適切な教育・管理・指導を受けて保険募集を行う</u>者であること。

(イ)　使用人については、上記(ア)に加えて、<u>保険代理店の事務所に勤務し</u>、かつ、<u>保険代理店の指揮監督・命令のもとで保険募集を行う</u>者であること。

（下線は筆者）

募集人に対して上記の「適切な教育・管理・指導」を行い、また、「保険代理店の指揮監督・命令」を及ぼすためには、募集人の活動予定・活動実績を具体的に把握する必要がありますが、たとえば、以下のような不備事例がみられます。

・募集人が日報等を作成しておらず、募集人の活動予定・活動実績の把握がなされていない。

・募集人に日報を作成させているが、活動実績の記録のみで、活動予定（スケジュール）を記録する形式になっておらず、所属募集人がいまどこで何をしているのかを支社長が把握していない。

・保険代理店として、募集人の活動予定は把握しているが、活動実績の把握はなされていない。

・（日報、週報、スケジューラー入力等で）募集人に活動予定を作成させているが、業務の開始時刻・終了時刻、面談場所等を記入する形式になっておらず、これらの記録がなされていない。

・（30分刻みで時間をつける等の状態になっているなど）顧客対応の開始時刻・終了時刻の記録が正確性に欠け、募集人の活動状況を具体的かつ適切に把握することが困難となっている（注）。

・募集人は日報を作成しているが、責任者が当該日報の内容のチェックを行っておらず、募集人の活動状況の確認・検証がなされていない。

（注）　顧客対応の時間の正確性は、顧客対応記録の内容の信用性にも影響するものと考えられます。

テレワーク下での募集人管理に関する課題

　テレワークのもとで、上記監督指針Ⅱ－4－2－1⑶①エの使用人の要件をどのように充足するかは課題ですが、日本損害保険協会「募集コンプライアンスガイド」（2023年2月版）では、以下のように規定しており、これらを参考に募集人管理を行うことが必要です。

○募集人の要件

「管理・指導」に該当する典型的な例（「募集コンプライアンスガイド」6頁）

　　直帰や出張が多い、または在宅勤務、サテライトオフィス勤務もしくはモバイル勤務といった、募集人が情報通信技術を利用して行う事業場外勤務（以下「テレワーク」といいます）など、代理店事務所以外で活動する場合でも、打合せの実施、電話やメールによる業務報告、業務状況の記録の義務付け等の手段によって、業務遂行状況を管理・把握（注1）し、適正な指導が行われている（注2）。

（注1）　適切な管理のための実効性のある対応として、例えば、打合せについては少なくとも週に1回以上行うなどの十分な頻度を確保することが考えられます。

（注2）　特に、恒常的なテレワークとなる場合や在宅での勤務地が遠隔地となる場合は、そうでない場合（週

数回のテレワーク活用や、テレワーク場所が本来の勤務地の近郊（一般的な通勤圏内）といったケース等）と比較して、募集人の要件である代理店主（または保険部門の責任者）による適切な教育・管理・指導が困難なことが多いため、これら体制の構築とともに適切な教育等の実態の確保が必要となります。

「代理店事務所に勤務」に該当する典型的な例（同6頁）

店主の指示に基づき、就業規則等で認められたテレワーク場所で業務を遂行する場合

「代理店事務所に勤務」に該当しない典型的な例（同7頁）

店主の管理下にない別の勤務先や自宅（就業規則等でテレワーク場所として認められている場合を除きます）を拠点に、恒常的に保険募集を行っている場合

○募集人がテレワークを行う場合の管理・把握、適正な指導の対応例・留意点（同11頁）

| 1．代理店主（または保険部門の責任者）が適切な教育・管理・指導を行うための「体制の構築」 | ・週1回以上の定期的な打合せ（デジタル機器を利用した打合せを含む）
※恒常的なテレワーク等の場合、最低でも月1回以上の事務所での報告等が望ましい。
・業務時間中の連絡手段等の確保 |

	・電話やメール等による業務報告（業務開始時、業務終了時における当日の業務内容等の報告） ・業務状況の記録（指定された勤務場所からの移動（外出時）の行動把握（報告）を含む） ・保険会社および代理店が定める管理ルールに従った個人情報や保険料などの適切な管理 ・保険募集に必要な資格取得や教育研修の受講管理　など
2．「適切な教育等の実態の確保」	・所属保険会社が定期的に開催する研修等（デジタル機器を利用した研修含む）の受講勧奨、受講状況の管理 ・自店の規模や特性に応じた代理店独自の勉強会等（コンプライアンス、商品改定、業務関連等。デジタル機器を利用した研修含む）の定期的な開催（例えば1ヶ月に1回以上） ・お客さまから受け付けた苦情等の適切な記録、自店内での共有および再発防止に向けた教育指導の実施　など
3．募集人が遠隔地でテレワークを行う場合の管理	・募集人の行動を日常的に把握するための店主（または保険部門の責任者）による点検やお客さまアンケートの実施 ・不適切な保険募集や法令、社内規則等への違反行為（その疑義やおそれがある場合を含む）の発覚時における該当の募集人の事務所への出勤や店主（または保険部門の責任者）による該当の募集人の勤務地への訪問指導の実施　など
4．募集人がテレワークを行って	・募集人の自宅が各社の事務所要件を充足していること

いる自宅を新たに事務所とする場合の留意点	・「事務所」と同等の個人情報管理が徹底されていること ・保険会社による代理店監査実施時の訪問による点検等に対応すること

2 意向把握帳票に関する不備

(ケース（Ⅳ-2-1）) 独自の意向把握帳票の未作成

········ **課題事例** ·········

　商品比較を行っているにもかかわらず、独自の意向把握帳票を作成しておらず、顧客の意向に関する記録化がなされていない。

··

【解　説】

　商品比較を行う場合、比較段階ではまだどの保険会社の商品で申込みになるかわからないため、特定の保険会社の意向把握帳票を用いて意向把握およびその記録化を行うことはできません。

　しかし、（特に、損害保険で多くみられますが）商品比較を行っているにもかかわらず、独自の意向把握帳票を作成しておらず、顧客の意向に関する記録化がなされていない代理店がみられます（記録を残す意義については、Ⅳ・5を参照）。

　原則は1社推奨ではあるが、顧客から要望があれば商品比較を行うこととしている場合でも、実際に商品比較を行うことがあるのであれば、独自の意向把握帳票は必要です。

ケース（Ⅳ－2－2） 意向把握帳票項目のヒアリング不足

.... **課題事例** ....

　意向把握帳票は作成しているが、これを顧客の面前で使用する
ルールとなっておらず、同帳票の各項目に関するヒアリングが行
われていない。

....

【解　説】

　意向把握帳票は作成しているが、これを顧客の面前で使用する
ルールとなっておらず（注）、同帳票の各項目に関するヒアリン
グが行われていない事例がみられます。また、たとえば、意向把
握帳票への記入・チェックは、募集人が顧客との面談後、事務所
に戻り、適宜のタイミングで行っているケースも散見されます
が、これでは同帳票の記載内容が不正確になるおそれがあるた
め、意向把握帳票への記入内容について顧客が確認できる状態
で、同帳票への記入・チェックを行うことが望ましいといえま
す。

（注）　オンライン募集では、意向把握帳票の内容を画面共有で顧客と
　　　確認するなどして、ヒアリングを行うことが考えられます。

ケース（Ⅳ－2－3） 振り返りの不備

.... **課題事例** ....

　第一分野・第三分野の保険商品について、最終意向と当初意向
の比較（振り返り）が適切に実施されていない。

....

【解　説】

　第一分野・第三分野の保険商品では、最終意向と当初意向の比較（振り返り）が必要ですが（注1）、以下のように、振り返りが適切に実施されていない事例が散見されます。

①　申込み時には、保険会社の意向把握帳票でも意向把握を行うところ、保険会社の同帳票で振り返りを行う扱いとし、自社の意向把握帳票を用いた振り返りはなされていない（注2）。

②　意向把握帳票を顧客の面前で使用しておらず、顧客にとって振り返りが行いにくくなっている（注3）。

（注1）　監督指針Ⅱ−4−2−2⑶①アは、「最終的な顧客の意向が確定した段階において、その意向と当初把握した主な顧客の意向を比較し、両者が相違している場合にはその相違点を確認する」と規定しています。

（注2）　一般に、保険会社の意向把握帳票の内容は、当該保険代理店の意向把握帳票とは内容が異なりますが、その場合、当該保険代理店の意向把握帳票では当初意向の把握しかしていないことになります。

（注3）　意向把握帳票を顧客の面前で使用せず、口頭で当初意向と最終意向の説明を行っても、顧客はそれらの内容を的確に認識・理解したうえで、比較を行うことは困難であると考えられ、結果として、振り返りが形骸化するおそれがあります。

3 比較・推奨の手順等の不備

比較・推奨の手順等の不備

--------- **課題事例** --

　推奨商品・推奨保険会社が複数ある場合で、顧客が推奨商品・推奨保険会社を希望した際に、そのなかからいかなる基準で商品・保険会社を選定するのかのルールが定まっていないなど、「所属募集人ごと各々の事情に応じた基準や理由」による提示・推奨がなされている。

....

【解　説】

　金融庁は、「（監督指針）Ⅱ-4-2-9(5)①②（注1）に基づき提示・推奨する理由は、顧客の意向に照らして、当保険代理店が定める基準に基づくものであり、『所属募集人ごと各々の事情に応じた基準や理由』による提示・推奨が許容されるものではありません」（改正保険業法パブコメ結果537～540番）との見解を示しており、保険代理店は、「所属募集人ごと各々の事情に応じた基準や理由」による提示・推奨とならないように、各商品のスペック等を分析のうえ、商品選定フロー等を作成する、また、商品比較システムを活用する（注2）等の対応をとる必要があります。

　こうしたなか、比較・推奨の手順等として、以下のような不備事例が散見されます。

① 　推奨商品・推奨保険会社が複数ある場合で、顧客が推奨商品・推奨保険会社を希望した際に、そのなかからいかなる基準

で商品・保険会社を選定するのかのルールが定まっていない事例

② 顧客が推奨商品・推奨保険会社以外の商品・保険会社を希望した際に、いかなる基準で商品・保険会社を選定するのかのルールが定まっていない事例

③ 個人顧客向けでは推奨商品・推奨保険会社を定めているが、法人顧客向けではこれを定めておらず、法人顧客向けの商品選択が募集人の裁量に任されている事例

④ 商品選定フローは策定しているが、顧客の意向に沿った適切な商品提案、適切な比較・推奨を行うためには、新商品の発売や商品改定等があれば、商品選定フローを随時見直す必要があるところ、こうした見直しがなされず、商品選定フローが活用されていない事例

他方で、従前は、保障種別ごとに1社推奨ではあるものの、実態としては、顧客が当該1社以外も提案してほしいとの意向を示せば、商品比較システムを用いて、当該1社以外の保険会社の商品と比較をして提案することが多かった保険代理店において、顧客本位の観点からは、幅広い商品のなかから、顧客の意向に沿って商品を選定して提案することが望ましいと考え、1社推奨を廃止し、商品比較システムを用いた方法による比較・推奨を行う方針に変更した事例もあり、参考になります。

（注1） 監督指針Ⅱ−4−2−9⑸

> ① ……顧客の意向に沿った比較可能な商品……の概要を明示し、顧客の求めに応じて商品内容を説明しているか。

② 顧客に対し、特定の商品を提示・推奨する際には、当該提示・推奨理由を分かりやすく説明することとしているか。特に、自らの取扱商品のうち顧客の意向に合致している商品の中から、二以上の所属保険会社等を有する保険募集人の判断により、さらに絞込みを行った上で、商品を提示・推奨する場合には、商品特性や保険料水準などの客観的な基準や理由等について、説明を行っているか。

（注2）　なお、商品選定フローや商品比較システムを活用していても、募集人において、それを使用するうちに、「この意向項目にチェックをつければ、この商品に行き着く」といったことがわかるようになり、結局、自らが勧めたい商品に誘導している疑いがある、といったケースもみられます。そのため、販売実績の検証等により、不適切な比較・推奨となっていないかを確認することは重要です。

4 特定保険契約（外貨建て保険、変額保険、変額年金保険等）に関するルール不備

ケース（Ⅳ−4−1） 適合性確認に関するルール不備

········ **課題事例** ········

　特定保険契約（外貨建て保険、変額保険、変額年金保険等）の販売・勧誘を行っているが、適合性確認に関する必要な社内ルールを策定していない。

【解　説】

　監督指針Ⅱ－4－4－1－3⑵①（注1）をふまえると、特定保険契約（外貨建て保険、変額保険、変額年金保険等）の販売・勧誘を行っている保険代理店は、適合性の確認に関して、以下のような項目を社内ルールに規定する必要がありますが、こうした社内ルールを作成している保険代理店は多くありません。

○保険募集人は、特定保険契約の販売・勧誘に際して、弊社所定の帳票をもとに以下の情報をお客さまからヒアリングし、その内容を記録に残す（注2）ものとする。

　・生年月日

　・職業

　・資産、収入等の財産の状況（注3）

　・過去の金融商品取引契約（有価証券の売買等に関する契約）の締結およびその他投資性金融商品の購入経験の有無およびその種類（注4）

　・すでに締結されている金融商品の満期金または解約返戻金を特定保険契約の保険料に充てる場合は、当該金融商品の種類

　・特定保険契約を締結する動機・目的、その他お客さまのニーズに関する情報

○保険募集人は、既契約者に対する新たな特定保険契約の販売・勧誘に際して、上記各情報（生年月日以外）が変化したことを把握した場合には、お客さまに確認をとったうえ

で、登録情報の変更を行う（注5）。

　また、たとえば、投資の経験がなく、年収200万円未満で、年間支払保険料が年収の20％以上を占めるなど、生活資金に充てる予定の預貯金を保険料の原資にするような場合には、当該特定保険契約の販売は行わない、あるいは、当該特定保険契約の購入について顧客に再考を促す、また、保険会社に引受けが可能か確認する等の対応をとることを社内ルールとして規定することが考えられますが、こうした社内ルールを策定している保険代理店も多くありません。

　さらに、高齢者（70歳以上）については、たとえば、一時払の特定保険契約の年間支払保険料が、金融資産の30％を超えないようにするなど、「理解能力や判断能力」「投資経験」「投資性資産の保有割合」等の観点をふまえて、その他の顧客よりも、よりいっそう厳格な適合性確認の基準を定めることが考えられますが、こうした基準を定めている保険代理店も多くありません。

（注1）　監督指針Ⅱ－4－4－1－3(2)①

　　保険会社及び保険募集人は、特定保険契約の販売・勧誘にあたり、例えば以下の情報を顧客から収集しているか。また、保険会社及び保険募集人は、既契約者に対する新たな特定保険契約の販売・勧誘に際して、当該情報（アを除く。）が変化したことを把握した場合には、顧客に確認を取ったうえで、登録情報の変更を行うなど適切な顧客情報の管理をおこなっているか。

　　ア．生年月日（顧客が自然人の場合に限る。）

イ．職業（顧客が自然人の場合に限る。）

ウ．資産、収入等の財産の状況

エ．過去の金融商品取引契約（金融商品取引法第34条に規定する「金融商品取引契約」をいう。）の締結及びその他投資性金融商品の購入経験の有無及びその種類

オ．既に締結されている金融商品の満期金又は解約返戻金を特定保険契約の保険料に充てる場合は、当該金融商品の種類

カ．特定保険契約を締結する動機・目的、その他顧客のニーズに関する情報

（注２）　保険代理店で独自に帳票を作成してヒアリングを行うほか、顧客管理システム等にその内容を記録することが考えられます。

（注３）　たとえば、以下のような事項について、ヒアリングすることが考えられます。

・一時払の場合・全期前納の場合：投資性金融商品に充当するために十分な自己資金の用意があるか。

・平準払の場合：投資性金融商品に充当していく資金は、金融資産や今後の収入のうち生活資金等に充てる予定のない資金か。

・保険料の原資：現金、預貯金、公社債、変額年金保険、投資信託、株式、各種保険等の満期金、各種保険等の解約返戻金、退職金、その他（→具体的に）

・年収：300万円未満、300万円～1000万円未満、1000万円～3000万円未満、3000万円以上

・金融資産：300万円未満、300万円～1000万円未満、1000万円～

5000万円未満、5000万円～１億円未満、１億円以上

（注４）　たとえば、以下のような事項について、ヒアリングすること
が考えられます。

　・投資の経験：なし、外貨預金、株式、公社債、投資信託、外貨建
　　て保険、変額保険、変額年金保険、その他貯蓄性保険、確定拠出
　　年金、FX、暗号資産、その他投資性商品

（注５）　顧客管理システムに登録した内容を変更することが考えられ
ます。

（ケース（Ⅳ－４－２））　リスク説明に関するルール不備

········· 課題事例 ···

　特定保険契約の販売・勧誘を行っているが、リスク説明に関す
る必要な社内ルールを策定していない。

··

【解　説】

　監督指針Ⅱ－４－４－１－３(1)（注１）をふまえると、特定保
険契約の販売・勧誘を行っている保険代理店は、リスク説明に関
して、以下のような項目を社内ルールに規定することが考えられ
ますが、こうした社内ルールを策定している保険代理店は多くあ
りません。

　○保険募集人は、販売・勧誘する個別の特定保険契約につい
　　て、保険会社作成のパンフレットや弊社所定の説明用資料
　　等を用いて、そのリスク、リターン、コスト等の、お客さ
　　まが特定保険契約の締結を行ううえで必要な情報をお客さ

まに説明する。

○保険募集人は、弊社所定のチェックリスト（注2）を用いて、お客さまが以下の各事項を理解しているかについて、確認する。

・途中で解約された場合の解約返戻金等は、市場価格調整や為替レート、運用実績または保険会社所定の控除等により、一時払保険料（または既払込保険料）を下回る場合があること

・投資性金融商品の運用実績によって資産が変動すること

・為替レートの変動により、死亡保険金・解約返戻金等の受取り時の円換算額が、契約時の為替レートによる円換算額や、保険料等の払込み時の円換算額を下回り、損失が生じるおそれがあること

・為替レートの変動がなかった場合でも、為替手数料分の負担が生じること

・為替レートの変動により、死亡保険金・解約返戻金等に円換算額での最低保証（元本保証）はないこと

（注1）　監督指針Ⅱ－4－4－1－3(1)

　　保険会社及び保険募集人が販売・勧誘する個別の特定保険契約について、そのリスク、リターン、コスト等の顧客が特定保険契約の締結を行う上で必要な情報を十分に分析・特定しているか。その上で、当該特定保険契約の特性等に応じ、研修の実施、顧客への説明書類の整備などを通じ、販売・勧誘に携わる

保険募集人が当該情報を正確に理解し、適切に顧客に説明できる体制を整備しているか。

（注2）　保険代理店において、顧客が各事項を理解しているかを確認するためのチェックリストを作成することが考えられます。

5　記録の不備

記録を残す意義

　記録（注1）を残す意義としては、①内部監査・コンプライアンス点検を実効的に行うため、②募集人・代理店がトラブルから自らを守るため、③顧客対応の引継ぎを適切に行うため、④マーケティングへの活用のため、⑤営業の進捗管理のため、といったものが考えられます。

　上記①について、監督指針では、「意向把握に係る業務の適切な遂行を確認できる措置」として、「意向把握に用いた帳票等（例えば、アンケートや設計書等）であって……顧客の最終的な意向と比較した顧客の意向に係るもの及び最終的な意向に係るものを保存するなどの措置」を講じることを求めており（同Ⅱ－4－2－2⑶④ア）、また、改正保険業法パブコメ結果562番において、金融庁は、「比較推奨販売の実施状況の適切性を確認・検証し、必要に応じて、改善することが重要であることから、その適切性の確認・検証に資する記録や証跡等の保存が必要と考えます」との見解を示しています。このように、事後的に、保険募集等の募集

人の活動内容（注2）の適切性を確認・検証するために、記録（顧客対応履歴）を残すことは重要です。

　上記②について、後日、顧客から苦情等の申立てがありトラブルとなった場合に、意向把握帳票や面談記録等は募集の適切性を裏付ける（つまり、募集人・代理店が自らを守る）重要な資料となります。こうした記録（証跡）がないと、いわゆる「言った／言わない」の議論となり、募集の適切性を示すことは困難となって、裁判や金融ADR等で、募集人・代理店にとって不利な判断が下されるおそれがあります（注3）。

　上記③について、前任者が顧客対応履歴を残していないと、後任者はその後の適切な顧客対応ができないおそれがあります。

　上記④と⑤は“記録の戦略的活用”といえますが、顧客属性（性別、年齢、職業、財産状況、家族構成、生活環境等）や顧客とのやりとり等の詳細を具体的に記録することで、「この顧客層には、○○のニーズがあるようだ。そうすると、●●の商品を訴求しやすいのではないか」等の分析ができ、マーケティングに活用できます（上記④）。また、顧客対応履歴を確認することで、各募集人の営業の進捗状況がわかり、進捗が芳しくない募集人に対する適時の指導等が可能となります（上記⑤）。

　以上をふまえると、少なくとも、第三者が読んでもわかる記録、また、どのような経緯で商品提案・絞込み等がなされたのかの“ストーリー”を意識した記録を行うことが重要といえます。

（注1）　記録は、生命保険・損害保険のいずれでも必要ですので、注意してください。

（注2）　保険募集時の意向把握や比較・推奨の経緯等のほか、アフ

ターフォロー等の保険契約成立後の活動についても、記録を残す必要があります（ケース（IV−5）参照）。

（注３）　特に、顧客が質問をして、それに対して募集人がきちんと答えた、というやりとりは重要です。顧客が、商品内容等に不明点があり、それについて質問をし、募集人がそれに適切に答えたのであれば、きちんと情報提供を行った証跡になります。また、顧客が、関心がある点について質問をし、募集人がそれに適切に答えたのであれば、きちんと意向把握を行った証跡になります。

ケース（IV−5）　記録の不備

········· **課題事例** ···

以下のような、記録不備の事例が認められる。

①　第一分野および第三分野の保障分野で、当初意向と最終意向の振り返りの記録がない事例。

②　第一分野および第三分野の保障分野で、当初意向と最終意向で意向が相違（変遷）しているが、その相違（変遷）の理由が不明確な事例。

③　生命保険については顧客対応履歴を残す仕組みはあるが、損害保険についてはその仕組みがない事例。

④　比較した商品が何であるかが不明確な事例。

⑤　推奨保険会社以外の保険会社の商品を提案しているが、なぜその商品を提案したのかが記載されていない事例。

⑥　顧客の意向をふまえるとほかにも比較提案できる商品があるが、記録上、その比較提案を行ったのか、行わなかったとしてなぜ行わなかったのかが不明確である事例。

⑦　提案商品から申込み商品に絞り込んだ理由が不明確な事例。

※たとえば、商品Ａ、商品Ｂ、商品Ｃを比較提案した記録
　として、以下のような不備記載が散見されます。

・例１：「お客さまのご意向をふまえて、商品Ａに決定」
　「お客さまのご要望に沿っており、商品Ｂに決定」
　⇒　どのような「ご意向」「ご要望」なのかを具体的に
　　記載する必要があります。

・例２：「お客さまが、保険料と保障（補償）内容に納得
　されたので、商品Ｃに決定」「お客さまが、こちらが説
　明した内容に理解を示され、商品Ａに決定」
　⇒　他の商品と比べて、どのような点がよいということ
　　で、顧客が納得・理解を示したのかを、具体的に記載
　　する必要があります。

・例３：「保障（補償）内容が充実しているから、商品Ｂ
　に決定」
　⇒　どのような点で、他の商品と比べて保障（補償）内
　　容が充実しているのかを具体的に記載する必要があり
　　ます。

・例４：「保険料と保障（補償）内容のバランスから、商
　品Ｃに決定」
　⇒　他の商品と比べて、どのようにバランスがよいのか
　　を具体的に記載する必要があります。

---

⑧　乗換募集で、乗換えに係る顧客のニーズ・メリットが不明確

な事例。

⑨　高齢者募集で、高齢者対応の記録が残されていない事例。

⑩　商品を顧客が指定した場合（指名買いの場合）に、顧客が当該商品の内容を理解しているかを確認した旨の記録がなされていない事例。

⑪　外貨建て保険について、適合性の確認や、リスク説明の内容に関する記録が残されていない事例。

⑫　水災補償、類焼損害補償等について、不担保としているが、記録上その意向が明確になっていない事例。

⑬　顧客との面談の開始時刻および終了時刻の記録がなく、どの程度充実した提案等がなされたのかが不明確な事例。

⑭　オンライン募集を行っているが、オンライン募集内容の記録化の方法について策定していない事例。

⑮　アフターフォローを行っているが、その記録がなされていない事例。

⑯　実際に顧客対応をした日と、募集記録をつけた日で、かなりの日数（たとえば、10日間など）が空いており、すみやかに記録がなされていない事例。

⑰　異なる顧客の対応履歴において、同じ推奨理由が記載されており、他の案件の推奨理由をそのまま転写（コピー・アンド・ペースト）している疑いのある事例。

【解　説】

　上記①について、「顧客の最終的な意向と比較した顧客の意向に係るもの及び最終的な意向に係るものを保存するなどの措置」

（監督指針Ⅱ－4－2－2(3)④ア）が講じられていません。

　上記②について、監督指針Ⅱ－4－2－2(3)①アは、「最終的な顧客の意向が確定した段階において、その意向と当初把握した主な顧客の意向を比較し、両者が相違している場合にはその相違点を確認する」と規定しているところ、その相違（変遷）の理由が不明確となっています。

　上記⑧について、募集人は、乗換募集においては、意向把握の観点から、顧客が乗り換えることのニーズやメリット等を十分に確認することが重要です（ケース（Ⅳ－6－3）参照）。

　上記⑨について、高齢者募集の対応方法としては、「①保険募集時に親族等の同席を求める方法」「②保険募集時に複数の保険募集人による保険募集を行う方法」「③保険契約の申込みの検討に必要な時間的余裕を確保するため、複数回の保険募集機会を設ける方法」「④保険募集を行った者以外の者が保険契約申込の受付後に高齢者へ電話等を行うことにより、高齢者の意向に沿った商品内容等であることを確認する方法」があります（監督指針Ⅱ－4－4－1－1(4)）（ケース（Ⅳ－6－5）参照）。

　上記⑩について、改正保険業法パブコメ結果316番は、「顧客が具体的な加入商品の希望を表明した場合であっても、意向把握を省略することは認められず、また、顧客が、自身で希望した加入商品の内容、特性等を十分に理解した上での意向であるかといった点に留意して、その後の募集プロセスを行う必要があります」としており、いわゆる指名買いのケースでも、募集人は、当該顧客の当該商品の理解度等を確認する必要があります。

　上記⑪について、直接話法の形式（発言内容をそのままの言い回

しで書き表す方法）で記録化すると、その記録内容の信用性が増すため、リスク説明の内容等の顧客とのやりとりの重要部分だけでも、直接話法の形式で記録化することが望ましいといえます（注1）。

上記⑫について、補償範囲について、後日トラブルになるおそれもあることから、当該不担保に係る意向の記録を残すのがよいといえます（注2）。

上記⑮について、たとえば、顧客から、外貨建て保険・変額保険等の特定保険契約に関して、「市場の動向についての情報提供がなく、適切な判断ができなかった。それで損失が拡大した。損害賠償請求だ」といった苦情が申し立てられたり、また、他の保険商品で、「新商品が出たという情報提供は受けていない。そういう商品があるなら切り替えた。そうすれば、給付金がもらえたのに、なぜ教えてくれなかったのだ。損害賠償請求だ」といった苦情が申し立てられた場合、実際は、市場の動向や新商品に関する情報提供は行っていたにもかかわらず、その記録を残していなかったために、トラブルの解決がむずかしくなることがあります。アフターフォローの実施内容の記録を残すことも重要です。

上記⑯について、このような場合、記録内容が不正確になるおそれがあるため、たとえば、顧客対応日の翌営業日までに記録することが考えられます。

（注1）　外貨建て保険・変額保険等の特定保険契約に関して、顧客から、「そのようなリスクの説明は聞いていない。このような損失が出るとは思わなかった。損害賠償請求だ」といった苦情の申出を受けることがあるかもしれません。リスクの説明はしていたが、その

記録をなんら残していないというのは、当然、対応として不十分ですが、記録を残していても、単に「為替リスクの説明をして、顧客は理解を示した」としか記載していなければ、それも内容としては不十分といえます。このような内容であれば、実際に為替リスクの説明をしていなくても書くことができます。それでは、証拠としての信用性は不十分です。どのような資料（パンフレット、設計書等）のどの部分を使用して説明を行い、顧客がその説明に対してどのような反応を示したのか（たとえば、顧客が、「円高で１ドル●円になると、損失が出るのですね」と発言したとすれば、為替リスクを理解した根拠になりえます）について、具体的に記録に残すことが必要です。また、（「はい」「いいえ」で答えられる質問は、十分に理解していなくても答えることができてしまうため）顧客の理解度を確認するために、「はい」「いいえ」以外で答える必要のある質問をするといった工夫をすることも重要です。

（注２）　2017年２月「改正保険業法の施行後の保険代理店における対応状況等について〜保険代理店に対するヒアリング結果〜」７頁の事例１では、「当社では、例えば、災害が発生した際の顧客への影響が大きい火災保険の特約の付帯をどうするかなどを判断する際、意向把握・確認時に顧客自らが、その必要性を十分に認識しやすくすることが重要であると考えている。そのため、当社では、例えば、火災保険の風災、水災、地震保険といった特約の補償を、顧客の意向により、不担保とする場合には、保険会社の意向把握・確認の雛形では分かりづらいため、当社独自の意向確認書を用いて、当該不担保に係る意向確認を行っている。この結果として、この取組みが、個人の火災保険に係る苦情やトラブルがない要因の一つにな

っているほか、顧客から『火災保険に係る契約状況が明瞭になり、自分の保険において何が付保されているか分かりやすくなった』という称賛の声があった。また、火災保険のような長期保険の場合、年数が経過すると契約時の担当者が変更になる場合もあるが、当初意向の把握・確認が明瞭になっているので、別の担当者になっても情報連携がしやすくなった」（下線は筆者）との事例があげられており、参考になります。

 ## 6 募集活動の事後検証の不備

（ケース（Ⅳ－6－1）） 意向把握記録の検証の不備

········ **課題事例** ········

　第一分野・第三分野の保障分野について、当初意向と最終意向が相違している案件（顧客の意向が変遷した案件）がどれくらい存在しているかの検証を行っていない。また、当初意向と最終意向が同じものが多い場合に、その理由の分析を行っていない。

【解　説】

　第一分野・第三分野の保障分野では、当初意向と最終意向の把握とその比較が重要です（監督指針Ⅱ－4－2－2(3)①ア）。こうしたなか、たとえば、すべての案件で、当初意向と最終意向が同じである場合、意向把握を省略しているとの疑いがあることから（注1）、当初意向と最終意向が相違している案件（顧客の意向が変遷した案件）（注2）がどれくらい存在しているかの検証を行う

ことや、当初意向と最終意向が同じものが多い場合にその理由の分析を行うことは重要です。しかし、このような検証・分析を行っている保険代理店は多くありません。

（注1）　2017年2月「改正保険業法の施行後の保険代理店における対応状況等について〜保険代理店に対するヒアリング結果〜」13頁の事例2では、「顧客の意向を正確に把握し、適切な商品を提案しているかなど、募集人による意向把握・確認、比較推奨販売に係る社内規則等の遵守状況に加えて、保険商品の提案能力がどの水準にあるかを測るため、『意向把握シート』に関して、①当初意向と最終意向が同じ案件のみの場合は、意向把握を省略していないか、②当初意向と最終意向の変化について理由の記入がない場合は、ヒアリング方法が未熟ではないか、③最終意向が特定の商品に偏っている場合は、募集人が顧客を誘導していないか、といった観点から確認を行っている」との参考事例があげられています。また、2018年10月22日付「新日本保険新聞（損保版）」掲載の東海財務局理財部金融監督第四課保険監督室室長の講演内容においても、意向把握・確認義務について財務局が代理店に確認する際の着目点に関して、「『すべての契約が顧客の当初意向と最終意向が同じである場合、意向把握が省略されているのではないか』『当初意向と最終意向の変化について理由の記入がない場合は、ヒアリング方法に問題がないか』『最終意向が特定商品に偏っている場合は、募集人が顧客を誘導していないか』の3点だと説明した」とされています。

（注2）　そもそも当初意向のとらえ方が募集人によって異なると、当初意向と最終意向が相違している案件（顧客の意向が変遷した案件）を正確に抽出することはむずかしいことから、社内で、どの時

点の意向を当初意向としてとらえるのかを明確化しておく必要があります。

　なお、改正保険業法パブコメ結果338番は、「商品特性や募集形態にもよりますが、例えば、『最終的な顧客の意向が確定した段階』の直前等を『把握すべき時期』（注：事前に把握した顧客の意向に係る『把握すべき時期』）として定めた場合、適切かつ的確な意向把握は困難なものと考えます」としており、当初意向としてとらえる時点を、最終意向の直前とすることは不適切であると考えられます。

ケース（Ⅳ－6－2）　早期消滅案件等の検証の不備

.... **課題事例** ....

　早期消滅案件等（早期解約案件、早期失効案件、クーリングオフ案件、取消しとなった案件等）について、募集時の状況・経緯についての検証や、原因分析を行っていない。

....

【解　説】

　早期消滅案件等（早期解約案件、早期失効案件、クーリングオフ案件、取消しとなった案件等）については、一般に、募集コンプライアンス上の問題を内包している可能性があるため、これらの案件が発生した場合には、募集時の状況・経緯（顧客とのやりとり等）について検証し、その原因分析等（たとえば、募集人による意向把握や情報提供は適切になされていたのか等の検証）を行う必要があります（注1）（注2）。しかし、こうした分析がなされていない保険代理店が散見されます。

（注１）　金融検査結果事例でも、（生命保険会社の保険募集管理部門が）「早期消滅契約のほかに、クーリングオフ又は取消しとなった契約についても、募集コンプライアンス上の問題を内包している可能性があるにもかかわらず、調査を行うこととしていない」ことを指摘した事例があり（金融検査結果事例集（平成24検査事務年度後期版）101頁）、金融当局も、「早期消滅契約」「クーリングオフとなった契約」「取消しとなった契約」について、「募集コンプライアンス上の問題を内包している可能性がある」とし、その原因等の「調査を行う」ことが必要であると考えていることがわかります。

（注２）　生命保険協会「『顧客本位の業務運営』の高度化に資する営業職員チャネルにおけるコンプライアンス・リスク管理に関するアンケートに関する報告」（2021年４月16日）では、保険会社の営業職員に関する以下のような取組事例があげられており、保険代理店においても参考になります。

・「短期消滅契約等に対して、本社から契約者に解約理由等を電話で直接確認し、お客さまの意向に沿った手続きであったかを確認している」

・「営業職員が退職する直前に発生した消滅契約を対象に、管理部門において募集の適切性を調査している」

・「『解約・失効契約が多件数ある』等の一定の条件に該当するお客さまに対して、営業職員の手続きがお客さまの意向に沿った内容となっているかを営業組織の管理者もしくは本社部門等が電話等で直接確認することによって、不適正な取扱いが行われていないかどうかを確認している」

········· **課題事例** ···

　乗換募集の集約・分析資料等を作成しておらず、顧客に乗換えに係るニーズやメリットがあるのかについての確認を行っていないなど、乗換募集の状況を把握していない。

··

【解　説】

　募集人は、乗換募集（既契約を消滅させて新たな保険契約の申込みをさせ、または新たな保険契約の申込みをさせてすでに成立している保険契約を消滅させること）の際には、顧客に対して、不利益事項（①一定金額の金銭をいわゆる解約控除等として保険契約者が負担することとなる場合があること、②特別配当請求権その他の一定期間の契約継続を条件に発生する配当に係る請求権を失う場合があること、③被保険者の健康状態の悪化等のため新たな保険契約を締結できないこととなる場合があること等）の説明を行う必要があります（保険業法300条1項4号、監督指針II－4－2－2(6)）。

　また、意向把握の観点から、乗換募集については、顧客に乗換えに係るニーズやメリットがあるのかを確認することが重要です（注）。

　しかし、乗換募集の集約・分析資料等を作成しておらず、乗換募集の状況を把握していない、また、乗換募集について上記のような説明・確認がなされたかといった観点からの検証を行っていない保険代理店が散見されます（特に、乗換えに係る顧客のニーズ・メリットの確認がなされたかという観点からの検証ができている保険代理店は多くありません）。

（注）　顧客に乗換えに係るニーズやメリットがあるのかを確認するためには、当該顧客の既存契約を確認・検証すること（いわゆる証券確認等）が重要であり、これを社内ルールとして定める必要がありますが、このような定めがない保険代理店も多くみられます。

ケース（Ⅳ−6−4）　募集人の販売実績の検証の不備

-------- **課題事例** --------

募集人ごとの販売実績（新規募集と更改のそれぞれで、各募集人が、各保険種別で、どの保険会社の商品をどの程度の件数販売しているかがわかるもの）のデータの作成・分析を行っていない。

【解　説】

募集人ごとの販売実績（新規募集と更改のそれぞれで、各募集人が、各保険種別で、どの保険会社の商品をどの程度の件数販売しているかがわかるもの）を分析すると、以下のような疑いが生じることがありますが（注）、このような募集人ごとの販売実績のデータの作成・分析を行っている保険代理店は多くありません。

・販売している保険会社・保険商品に偏りがある場合

　　⇒　比較説明が適切になされていないとの疑い

・募集人ごとに販売商品が大きく異なる

　　⇒　募集ルールが守られていない、また、募集人が自らの得意な商品に誘導している等の疑い

・推奨保険会社・推奨商品以外を販売している

　　⇒　募集人独自の売り方をしている疑い

　上記のような疑いが生じる場合は、顧客対応履歴の検証（その

前提として、充実した顧客対応履歴を残す必要があります）を行い、募集に不備等がみられる場合には、募集人に対する改善指導等を行う必要があります。

（注）　関東財務局ヒアリング結果9頁でも、「<u>比較推奨販売の適切性が担保されているか確認するために各募集人の販売実績を毎月確認</u>。……各募集人の前職の所属保険会社等に偏った販売実績となっているなど、比較推奨販売の適切性が十分に担保されてない実状が判明したため、現在、推奨方針を含めゼロベースで見直しを進めている」（下線は筆者）との参考事例が示されています。

ケース（Ⅳ－6－5） **高齢者募集案件の検証の不備**

········ **課題事例** ···

　高齢者募集の集約・分析資料を作成しておらず、高齢者募集の対応が適切になされたのかを検証していない。

··

【解　説】

　高齢者募集の対応として、監督指針Ⅱ－4－4－1－1⑷では、以下のとおり、規定しています（注）。

　　例えば、以下のような方策を行うなどの適切な取組みがなされているか。

①　保険募集時に親族等の同席を求める方法。

②　保険募集時に複数の保険募集人による保険募集を行う方法。

③　保険契約の申込みの検討に必要な時間的余裕を確保する

ため、複数回の保険募集機会を設ける方法。

④ 保険募集を行った者以外の者が保険契約申込の受付後に高齢者へ電話等を行うことにより、高齢者の意向に沿った商品内容等であることを確認する方法。

また、高齢者や商品の特性等を勘案したうえで保険募集内容の記録（録音・報告書への記録等）・保存や契約締結後に契約内容に係るフォローアップを行うといった適切な取組みがなされているか。

これらの高齢者に対する保険募集に係る取組みについて、取組みの適切性等の検証等を行っているか。

上記にもあるとおり、「（高齢者に対する）保険募集内容の記録（録音・報告書への記録等）・保存」「取組みの適切性等の検証等」を行う必要がありますが、高齢者募集の集約・分析資料を作成しておらず、高齢者募集の対応が適切になされたのかを検証していない保険代理店が散見されます。

(注) このほか、生命保険協会「高齢者向けの生命保険サービスに関するガイドライン」（2021年3月24日）、日本損害保険協会「高齢者に対する保険募集のガイドライン」（2021年12月21日）もあり、これらをふまえた対応も必要です。

ケース（IV−6−6） 高齢者募集案件の検証の参考事例

参考事例

高齢者（70歳以上）募集において、親族（70歳未満の成年）の同席を求める方法を優先度の高いものとし、親族同席の方法をとら

ない場合（とることができない場合）はその理由を記録して、それが合理的であるかを検証している。

【解　説】

　たとえば、高齢者（70歳以上）への募集において、親族（70歳未満の成年）の同席を求める方法を優先度の高いものとし、親族同席の方法をとらない場合（とることができない場合）はその理由を記録して、それが合理的であるかを検証している保険代理店があります。こうした取組みは、丁寧な高齢者募集の対応として参考になります。

7 アフターフォローに関するルール未策定

ケース（Ⅳ-7）　アフターフォローに関するルール未策定

········ **課題事例** ········

　アフターフォローの実施頻度、実施方法、対象顧客、説明内容等についてルール化ができておらず、実践できていない。

【解　説】

　アフターフォローの重要性は論をまたないところですが（注1）、そのルール化ができておらず、十分に実践ができていない保険代理店が散見されます。アフターフォローについては、その実施頻度、実施方法、対象顧客、説明内容等について、ルール化することが考えられます（注2）（注3）。

（注１）　金融庁「顧客本位の業務運営に関する原則」原則６（注１）
は、「金融事業者は、金融商品・サービスの販売・推奨等に関し、
以下の点に留意すべきである」として、「金融商品・サービスの販
売後において、顧客の意向に基づき、長期的な視点にも配慮した適
切なフォローアップを行うこと」をあげています。

（注２）　生命保険協会「市場リスクを有する生命保険の募集等に関す
るガイドライン」（2021年２月10日）11～12頁参照。なお、このガ
イドラインは、特定保険契約（外貨建て保険、変額保険、変額年金
保険等）に関するものですが、特定保険契約以外の保険種目でも、
アフターフォローは行うべきと考えます。特に、生命保険は金融商
品のなかでも契約期間が長いという特徴があり、市場環境の動向に
よってリスクの状況が変化する可能性や、顧客のライフステージ・
ニーズ等が変化する可能性があり、また、こうした契約期間の長期
性に鑑みると、契約時に説明を行った内容やリスク等を契約後も繰
り返し説明することが有用となる場合もあるため、アフターフォ
ローは重要です。

（注３）　アフターフォローは業務品質・サービス品質を確保するとい
う面で重要ですが、既顧客マーケットの深掘りができるという意味
において、マーケティング面・営業面でも有益であると思われま
す。全顧客に対して同レベル・内容のアフターフォローを行うこと
は事実上困難であると思いますので、マーケティングの観点から、
ターゲット顧客層ごとにアフターフォローの内容（濃淡）を変える
ことが考えられます。たとえば、収益性、リスクの程度（高齢者、
高額保険料等）、人的関係性等をふまえて、Ａ層～Ｄ層といった顧
客のランクづけを行い、Ａ層の顧客に対しては高頻度での対面での

フォロー、D層の顧客に対しては会報・商品案内等の郵送・メールでの情報提供等の区分けをして対応をすることが考えられます。

コラム　更改時の対応に関する課題

既契約を更新（更改）する場合の対応について、日本損害保険協会「募集コンプライアンスガイド」（2023年2月版）では、以下のように記載しています。

○意向把握

既契約を更新（更改）する場合……も、意向把握・意向確認を行う必要があります。この場合の意向把握・意向確認の方法としては、例えば、次のような対応が挙げられます。

具体的な方法については、所属保険会社の指示に従ってください。

■更新（更改）する場合

既契約の契約内容を通じて把握した意向に沿って、更新契約の内容を提案し、意向確認を行う。また、契約内容の見直しを行う場合は、個別プランを提案する過程で意向把握・意向確認を行う。

○情報提供

既契約を更新（更改）する場合……で、保険契約の締結または加入の適否を判断するのに必要な情報の内

容に変更がある場合には、当該変更部分について説明する必要があります。具体的には、以下のような方法で行います。

■更新（更改）する場合

　商品改定の内容などについて適切に情報提供を行う観点から、重要事項説明書等を交付しての説明や、更改申込書の変更箇所を示す。

○比較・推奨

　更新（更改）契約でお客さまが既契約の更新（更改）を希望している場合は、推奨販売に関する説明が求められるものではありません。ただし、当該保険契約の締結にあたっても、意向把握義務に基づく対応が必要なことに留意してください。

　既契約を更新（更改）する場合の対応としては、上記がミニマム・スタンダードになりますが、顧客のリスク環境等が変化していたにもかかわらず、募集人がそれを十分に考慮せずに、「前年同条件」や「前契約同条件」で更新（更改）手続を行ったがために、顧客のリスク環境等に適した補償内容になっておらず、結果、事故が起こった際に、顧客が望む保険金が得られずにトラブルになる事例がみられます（そして、このような場合、更新（更改）対応に関する記録が残されていないことも多いです）。

　募集人が顧客に前年同条件や前契約同条件でよいかを確認し、顧客がそれでよい旨を回答している場合、意向把握義務

や情報提供義務に反しているとの評価まではなされないかもしれませんが、はたして、顧客本位の対応といえるのかは、慎重に考えるべきといえます。更新（更改）案件は件数が多いことから、意向把握や情報提供等に十分な時間をかけられないとの事情もあると思いますが、たとえば、トラブルとなった場合に影響の大きい案件（保険料、保険金額が高い案件など）については、更新（更改）時の顧客のリスク状況等をあらためて分析し、意向把握や情報提供を十分に行うことが考えられます。そして、こうした更新（更改）時の対応について顧客対応履歴に残し、それを事後的に確認して、更新（更改）対応の適切性を検証することが重要です。

8 募集関連行為に関する不備

募集関連行為従事者の管理の必要性

　募集関連行為とは「契約見込客の発掘から契約成立に至るまでの広い意味での保険募集のプロセスのうち、保険募集に該当しない行為」のことをいい、保険商品の推奨・説明を行わず契約見込み客の情報を保険会社または保険募集人に提供するだけの行為などがこれに当たります（監督指針Ⅱ－4－2－1⑵）。たとえば、保険代理店がいわゆるリーズ業者から見込み客の情報の提供を受けたり、税理士（注1）から法人顧客の紹介を受けたりして、当該顧客に保険募集を行うケースがあります。

保険代理店は、募集関連行為を第三者に委託して行わせる場合（つまり、第三者に見込み客の紹介を依頼する場合）、当該募集関連行為を受託した第三者（「募集関連行為従事者」。つまり、上記のリーズ業者や税理士のことです）が不適切な行為を行わないよう、たとえば、「募集関連行為従事者において、保険募集行為または特別利益の提供等の募集規制の潜脱につながる行為（注2）が行われていないか」「募集関連行為従事者において、個人情報の第三者への提供に係る顧客同意の取得などの手続が個人情報の保護に関する法律等に基づき、適切に行われているか」といった点に留意して、（募集関連行為の委託先である）募集関連行為従事者を管理・指導する必要があります（監督指針Ⅱ－4－2－1(2)）（注3）。募集関連行為従事者が無資格募集等の不適切行為を行った場合、保険代理店はその管理責任を問われることになります（注4）。

（注1）　生命保険協会「募集関連行為に関するガイドライン」（2019年6月20日。以下「生保協会ガイドライン」という）3頁では、「例えば、税理士、社会保険労務士、ファイナンシャル・プランナーおよびその事務所に勤める職員などが、その顧客や従業員に保険加入を勧め、特定の保険募集人を紹介して、加入実績に応じた報酬を得るなどの行為については、具体的な保険商品の推奨・説明を行っているか否かを判断したうえで、報酬額の水準や商品の推奨・説明の程度などから、保険募集に該当し得るか、総合的に判断する必要がある」とされています。

（注2）　生保協会ガイドライン6頁では、「紹介代理店（募集人登録を行わずに見込み客の紹介を行う者等）において、保険募集人の意

図に関わらず、保険会社や当該保険募集人から得た報酬（手数料等）のうち一部を、契約者に還流させるといった行為」等が問題となるものとしてあげられています。

（注3）　生保協会ガイドライン3頁では、「小規模な保険代理店でも、募集関連行為の内容・範囲等に応じた適切な委託先管理を行う必要がある」、同5頁では、「保険募集人においては、募集関連行為従事者が、無登録募集や保険募集に関連して特別利益の提供を行うなど保険業法違反を犯すリスク等を踏まえ、厳格な委託先管理等の対応が必要となる」とされています。

（注4）　保険募集人でなく、金融庁になんらの登録・届出も行わない募集関連行為従事者は、金融当局の管轄下にはないため、金融当局が直接管理・指導を行うことはできません。そこで、金融当局は、管轄下にある（管理・指導を行うことができる）保険代理店に対し

図Ⅳ-8-1　募集関連行為従事者の管理

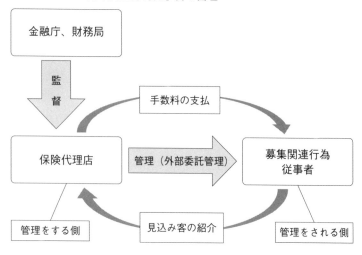

て、募集関連行為従事者を管理・指導する責任を負わせることにより、間接的に、募集関連行為従事者を管理・指導するというスキームをとっているものと考えられます（図Ⅳ-8-1参照）。

ケース（Ⅳ-8-1） 募集関連行為従事者との契約書の不備

.... **課題事例** ....

　募集関連行為従事者との契約書において、単に、募集関連行為従事者が「保険募集を行うことを禁止する」といった抽象的な規定しかしておらず、募集関連行為従事者の管理手段として実効性に乏しいものとなっている。

....

【解　説】

　保険代理店は、募集関連行為従事者が不適切な行為を行わないように、以下のような具体的な禁止行為等を規定した契約書を締結する必要があります。募集関連行為従事者が「保険募集を行うことを禁止する」といった抽象的な規定しかしていないケースが散見されますが、そもそもいかなる行為が「保険募集」に該当するのかは不明確なところがあり、そのような抽象的な規定では実効性に乏しいと言わざるをえません。

▼**募集関連行為に関する契約書（例）**

第●条（禁止事項等）
　乙（※募集関連行為従事者）は、善良なる管理者の注意義務をもって、誠実に業務を遂行するものとし、次の各号に掲げる行為

を行ってはならない。

① 甲（※保険代理店）の所属募集人が見込み客に対し保険商品の内容を説明する等の募集行為を行う際に同席するなど、当該募集行為に関与すること

② 見込み客に対し、個別の保険商品に係る契約の締結を勧誘すること

③ 見込み客に対し、個別の保険商品について推奨・説明すること

④ 見込み客から、個別の保険商品に係る契約の申込を受領すること

⑤ 個別の保険商品に係る契約の申込書を作成すること

⑥ 見込み客から、保険料等を領収すること

⑦ その他保険募集行為および保険募集行為に当たるおそれのある行為をすること

⑧ 保険契約の締結または保険募集に関して、見込み客に対して、保険料の割引、割戻しその他特別の利益の提供を約し、または提供すること（甲から受領した紹介手数料の全部または一部を、名目にかかわらず、保険契約者に支払うことを含む）。ただし、次条に定める新基準を満たす物品等の提供を約し、または提供することは除く。

第●条（物品等の提供）

1　乙は、見込み客の集客にあたり、見込み客に物品等を提供する場合、当該物品等は、下記のいずれにも該当しないものとし、かつ、甲が代理店委託契約を締結している保険会社の「ノベルティ基準」を遵守するものとする（以下「新基準」という）（注1）。

記

① 現金、電子マネー

② 現金、電子マネーに交換（チャージ）できるもの

③ 資金決済に関する法律第3条第1項に定義する「前払式支払手段」（注2）

④　幅広い商品の購入・交換ができるポイントサービス・金券類等（大型ショッピングモール内で利用可能なポイント、大型の量販店や通販サイト内で利用可能なポイント、幅広い商品と交換できるカタログギフト等を含む）

2　乙が甲に提供する見込み客情報の案件は、新基準に対応済みの案件のみとする。

（注1）　生命保険協会「保険募集人の体制整備に関するガイドライン」（2022年7月6日）別紙2－1、2－2参照。

（注2）　商品券・ギフト券、図書カード、ビール券、お米券、ギフトカード、ネット上で使用できるプリカ、カタログギフト券、テレホンカード、アイスクリーム券等が該当します。

ケース（Ⅳ－8－2）　募集関連行為従事者に対するモニタリングの不備

-------- **課題事例** --------------------------------------

　募集関連行為従事者が、当該保険代理店との間で締結した契約書に記載の禁止事項に抵触していないか、また、遵守事項を遵守しているかについて、当該保険代理店はモニタリングを行っていない。

【解　説】

　生保協会ガイドライン5頁では、「保険募集人は、適正な業務遂行の実効性を確保するため、例えば、保険募集人の規模や業務特性に応じて、外部に委託した募集関連行為についても監査の対象とするなど、継続的な管理・モニタリング等を行う必要があ

る」「保険会社や保険募集人においては、募集関連行為従事者が、無登録募集や保険募集に関連して特別利益の提供を行うなど保険業法違反を犯すリスク等を踏まえ、厳格な委託先管理等の対応が必要となる」「厳格な委託先管理の責任を負う保険会社や保険募集人においては、委託している募集関連行為従事者に係る実態を把握する必要があり、保険業法違反等の懸念が認められる場合には関係諸法令に基づき速やかに対応を行う必要がある」と規定しており、募集関連行為従事者に対するモニタリングは重要です。

　しかし、募集関連行為従事者との間で、ケース（Ⅳ－8－1）に記載の具体的な禁止行為を盛り込んだ契約書を取り交わしていても、当該募集関連行為従事者が実際にそれらを遵守しているかのモニタリングを行っていない保険代理店が散見されます。

　モニタリング方法としては、たとえば、以下のものが考えられます。

・見込み客の紹介を受ける際に、募集関連行為従事者から、「禁止行為を行っていないこと」「見込み客情報の提供にあたり、事前に当該見込み客の同意を取得したこと」等の内容を盛り込んだ誓約書を徴求する。

・定期的にまたは随時、募集関連行為従事者に対して、紹介契約（情報提供契約）の遵守状況、紹介行為に係る業務の状況等について、報告徴求を行う（ヒアリングの実施とその内容の記録化、報告書等の徴求）。

・募集関連行為従事者の事務所等への立入監査を行う。

・紹介を受けた見込み客に対して、募集関連行為従事者が禁止行

図Ⅳ－8－2　リスクベースのモニタリング

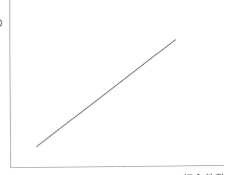

モニタリングの
厳格度

紹介件数・紹介料

　為を行っていなかったか、また、見込み客情報の提供にあた
り、事前に当該見込み客の同意を取得したか等について確認
し、その内容を記録化する。

　なお、モニタリングの頻度や内容は、リスクベース・アプロー
チでよいと考えられ、モニタリングの厳格度と紹介件数・紹介料
の大小は、図Ⅳ－8－2のような関係になると考えられます。

V

顧客サポート等管理態勢

顧客の声の吸上げに関する不備

ケース（Ⅴ-1） 顧客の声の吸上げに関する不備

········ **課題事例** ···

　すぐに解決した苦情案件（解決ずみの案件）について、報告がなされていないなど、顧客の声の吸上げの取組みが不十分である。

···

【解　説】

　顧客サポート等管理の目的は、事後的に説明責任を果たすことにより、顧客の理解と納得を得ることと、顧客の声を態勢・業務品質・サービス品質の改善・向上に活用することにあると考えられるところ（注）、この目的を達成するためには、苦情を含む顧客の声を的確に吸い上げ、その内容を分析することが重要です。

　こうしたなかで、以下のような、顧客の声の吸上げに関する不備事例が散見されます。

・すぐに解決した苦情案件（解決ずみの案件）について、報告がなされていない事例

　※こうした解決ずみの苦情についても、たとえば、募集人の説明が不正確で顧客が誤解をしていた等の原因があるなど、説明内容の改善の契機となるようなケースもありうることから、報告をあげるよう徹底することが重要です。

・顧客の声の記録もれが散見される事例

・「苦情」の受付件数は把握しているものの、「苦情」以外の顧客

144

の声（意見、要望、問合せ、お褒めの言葉）の受付件数の把握まではできていない事例

・顧客数からみて、全社的に顧客の声の件数が少ない事例

・顧客の声の受付件数について、支社や募集人によって差がある事例

　※このような場合、受付件数が少ない募集人への個別指導を含め、顧客の声の積極的な報告等のための指導・研修を行うことが重要です。

（注）　監督指針では、「苦情等への対処について、単に処理の手続の問題と捉えるにとどまらず事後的な説明態勢の問題として位置付け、苦情等の内容に応じ顧客から事情を十分にヒアリングしつつ、可能な限り顧客の理解と納得を得て解決することを目指しているか」（同Ⅱ－4－3－2－2(4)①）、「苦情等の内容及び対処結果について、自ら対処したものに加え、外部機関が介在して対処したものを含め、適切かつ正確に記録・保存しているか。また、これらの苦情等の内容及び対処結果について、指定ADR機関より提供された情報等も活用しつつ、分析し、その分析結果を継続的に顧客対応・事務処理についての態勢の改善や苦情等の再発防止策・未然防止策に活用する態勢を整備しているか」（同(5)②）、「苦情等対処の結果を業務運営に反映させる際、業務改善・再発防止等必要な措置を講じることの判断並びに苦情等対処態勢の在り方についての検討及び継続的な見直しについて、経営陣が指揮する態勢を整備しているか」（同(5)④）と規定しています。

2 顧客の声の類型化や原因分析、顧客の声をふまえた改善策の策定に関する不備

ケース（V－2） 顧客の声の分析・改善策策定の不実施

-------- **課題事例** --------

　個々の苦情等の事案についての内容の確認や顧客対応等は行っているが、それにとどまり、全社的な顧客の声の類型化（どのような種類・類型の苦情等が多いか等）や原因分析（なぜその種類・類型の苦情等が多いのか、募集人・代理店に帰責性があるのか否か等）、また、それをふまえた改善策の策定を行っていない。

....

【解　説】

　個々の苦情等の事案の内容の確認や顧客対応等は行っているが、それにとどまり、全社的な顧客の声の類型化（どのような種類・類型の苦情等が多いか等）や十分な原因分析（なぜその種類・類型の苦情等が多いのか、募集人・代理店に帰責性があるのか否か等）、また、それをふまえた改善策の策定まではできていない保険代理店が散見されます。

　なお、類型化の項目の例としては、「新契約関係（不適切な募集行為等）」「収納関係（口座振替、保険料払込み、失効・復活等）」「保全関係（更新、契約内容変更、解約手続等）」「保険金・給付金関係（保険金・給付金支払手続等）」「募集人の態度・マナー」「個人情報取扱い関係」等（注1）が考えられます（注2）。

　また、原因分析が不十分であるがゆえに、改善策も不十分にな

っている事例も散見されます。(ケース（Ⅱ−6−4）と同様に）具体的にどのように改善に取り組むのかが不明瞭なもの（いわゆる精神論のみで対応しており、具体的なプロセスの改善等の検討までなされていないもの）がみられます。態勢面にまで踏み込んだ（「経営陣レベル—管理者レベル—現場レベル」の3層構造における、各階層のPDCAサイクルにまで深掘りをした）原因分析を行い、それをふまえた改善策の策定を行うことが重要です。

（注1）　生命保険相談所「相談所リポート」記載の「苦情発生原因」や、「そんぽADRセンター統計号」記載の「申出内容別」の項目が参考になります。

（注2）　たとえば、これらの項目について毎月データをとり、グラフ化等を行うと、全社的にどの態勢・プロセスに弱点があるのか等がみえてくることがあります。

3　改善策の進捗状況のモニタリングの不備

ケース（Ⅴ−3）　改善策の進捗状況のモニタリングの不備

-------- **課題事例**

　顧客の声をふまえて改善策は策定したが、その進捗状況のモニタリングを行っていない。

【解　説】

　顧客の声をふまえて改善策は策定したが、その進捗状況のモニタリングを行っていない保険代理店も散見されます（その結果、

表V－1　改善策のモニタリング表（例）

顧客の声の類型	原因分析	改善策の策定期限	改善策の内容	フォロー日	フォロー内容・結果
解約手続					
募集人の態度・マナー					

改善策が実施されないままとなっているケースがみられます）。

　たとえば、表V－1のように、「顧客の声の類型」→「原因分析」→「改善策の策定期限」→「改善策の内容」→「フォロー日」→「フォロー内容・結果」といった項目の表を作成し、改善策を策定して一定期間経過後（たとえば3カ月経過後など）に「フォロー日」を設定し、改善策の進捗状況をチェックするなど改善状況のモニタリングを行うことを、あらかじめ決めておくことが有用です。

4　経営陣に対する報告の不備

ケース（V－4）　経営陣に対する報告の不実施
········· **課題事例** ·········
　顧客の声の類型化の内容、原因分析結果および改善策について、経営陣への報告がなされていない。

【解　説】

　態勢整備の責任を負う経営陣は、顧客の声からみえてくる態勢上の弱点を認識すべきといえます。また、顧客の声をふまえた改善策の実施を徹底するためには、経営陣が主導することが重要となる場合もあります（注）。

　したがって、顧客の声の類型化の内容、原因分析結果および改善策について経営陣に報告し、経営陣の間でもそれらについて対話・議論を行うことが求められますが、経営陣への報告がなされておらず、経営陣において対話・議論がなされていない事例がみられます。また、経営陣への報告はなされていても、経営陣がその内容について、実質的な対話・議論を行っていない事例も散見されます。これでは、顧客の声を契機とした態勢・業務品質・サービス品質の改善や顧客本位の取組みの向上はむずかしくなります。

（注）　監督指針Ⅱ－4－3－2－2⑤④では、「苦情等対処の結果を業務運営に反映させる際、業務改善・再発防止等必要な措置を講じることの判断並びに苦情等対処態勢の在り方についての検討及び継続的な見直しについて、経営陣が指揮する態勢を整備しているか」と規定しています。

Ⅵ

顧客情報管理態勢

個人データ管理台帳の不備

ケース（Ⅵ-1） 個人データ管理台帳の不備

········· **課題事例** ·········

　個人データ管理台帳の記載内容と実際の保管状況に齟齬がある
など、個人データ管理台帳に不備が認められる。

【解　説】

　「金融分野における個人情報保護に関するガイドラインの安全
管理措置等についての実務指針」（2022年4月。以下「実務指針」
という）2－4は、「金融分野における個人情報取扱事業者」（保
険代理店はこれに該当します）は、「個人データ（注）の取扱状況
を確認できる手段の整備」として、下記の①～⑤に掲げる事項を
含む台帳（以下「個人データ管理台帳」という）等を整備しなけれ
ばならない、と規定しています。

① 取得項目

② 利用目的

③ 保管場所・保管方法・保管期限

④ 管理部署

⑤ アクセス制御の状況

　しかし、たとえば、以下のような個人データ管理台帳の不備事
例が散見されます。

・個人データ管理台帳の記載内容と実際の保管状況に齟齬がある
　事例

たとえば、以下のような事例がみられます。

・個人データが含まれている資料が個人データ管理台帳に記載されていない事例

　※いわゆる仕掛かり中の案件（提案途中で申込みにまで至っていない案件、申込みを受けたが、必要書類を保険会社に送付する前の段階の案件等）の個人データ管理台帳への記入もれの事例等がしばしばみられます。

・個人データ管理台帳に記載されている保管場所と異なる場所に個人データ資料が保管されている事例

・個人データ管理台帳に記載はあるが実際はその資料が存在していない事例

　※このケースでは、資料がない場合、もともと存在していなかったのか、紛失したのかが判断できません。

・複数のキャビネットがあるにもかかわらず、保管場所として単に「キャビネット」との記載しかなく、どのキャビネットを指しているのかが不明（具体的な保管場所が不明）である事例

　※これでは、個人データ管理台帳の記載内容と個人データ資料の保管状況の実態の整合性を検証しようにも検証できません。キャビネットに番号をつけるなどして、どの番号のキャビネットに、どの個人データ資料が保管されているのかを特定できるようにしておく必要があります。

・保管期限やアクセス制御の状況が記載されていないなど、必要項目がもれている事例

・アクセス制御の範囲が変更されていたが、それが個人データ管
　理台帳に反映されていない事例

（注）　「個人データ」とは、「個人情報取扱事業者が管理する『個人情
　　　報データベース等』を構成する個人情報」をいい、「個人情報デー
　　　タベース等」とは、特定の個人情報をコンピュータを用いて検索す
　　　ることができるように体系的に構成した、個人情報を含む情報の集
　　　合物をいいます。また、コンピュータを用いていない場合であって
　　　も、紙面で処理した個人情報を一定の規則（たとえば、五十音順
　　　等）に従って整理・分類し、特定の個人情報を容易に検索すること
　　　ができるよう、目次、索引、符号等を付し、他人によっても容易に
　　　検索可能な状態に置いているものも該当します。個人情報データ
　　　ベース等から外部記録媒体に保存された個人情報や、個人情報デー
　　　タベース等から紙面に出力された帳票等に印字された個人情報も
　　　「個人データ」に該当します（個人情報保護委員会「個人情報の保
　　　護に関する法律についてのガイドライン（通則編）」(2016年11月
　　　(2022年9月一部改正)) 参照）。

 ## 2　アクセス制限の不備

個人データへのアクセス制御に関するルール

　実務指針では、アクセス制限について、以下のように規定して
おり、保険代理店は、個人データへのアクセス権限を付与する従
業者数を必要最小限に限定し、従業者に付与するアクセス権限も
必要最小限に限定する必要があり（このような考え方を一般に

「Need to knowの原則」といいます）、保険代理店内部においても、権限外者に対するアクセス制御が必要となります。

（従業者の役割・責任等の明確化）

3－2　金融分野における個人情報取扱事業者は、「従業者の役割・責任等の明確化」として、次に掲げる措置を講じなければならない。

　　　⋮

②　個人データの管理区分及びアクセス権限の設定

　　　⋮

（個人データの管理区分の設定及びアクセス制御）

5－2　金融分野における個人情報取扱事業者は、「個人データの管理区分の設定及びアクセス制御」として、次に掲げる措置を講じなければならない。

①　従業者の役割・責任に応じた管理区分及びアクセス権限の設定

②　事業者内部における権限外者に対するアクセス制御

③　外部からの不正アクセスの防止措置

（個人データへのアクセス権限の管理）

5－3　金融分野における個人情報取扱事業者は、「個人データへのアクセス権限の管理」として、次に掲げる措置を講じなければならない。

①　従業者に対する個人データへのアクセス権限の適切な付与及び見直し

②　個人データへのアクセス権限を付与する従業者数を必

要最小限に限定すること

③　従業者に付与するアクセス権限を必要最小限に限定すること

(取得・入力段階における取扱規程)

７－１　金融分野における個人情報取扱事業者は、取得・入力段階における取扱規程において、次に掲げる事項を定めなければならない。

⋮

⑦　個人データへのアクセス制御

⋮

(利用・加工段階における取扱規程)

７－２－２　利用・加工段階における取扱規程に関する技術的安全管理措置は、次に掲げる事項を含まなければならない。

⋮

②　個人データの管理区分の設定及びアクセス制御

③　個人データへのアクセス権限の管理

⋮

(保管・保存段階における取扱規程)

７－３－１　保管・保存段階における取扱規程に関する組織的安全管理措置は、次に掲げる事項を含まなければならない。

⋮

⑥　個人データへのアクセス制御

⋮

7－3－2　保管・保存段階における取扱規程に関する技術的安全管理措置は、次に掲げる事項を含まなければならない。

　　　︙

　②　個人データの管理区分の設定及びアクセス制御

　③　個人データへのアクセス権限の管理

　　　︙

（移送・送信段階における取扱規程）

7－4－1　移送・送信段階における取扱規程に関する組織的安全管理措置は、次に掲げる事項を含まなければならない。

　　　︙

　⑥　個人データへのアクセス制御

　　　︙

7－4－2　移送・送信段階における取扱規程に関する技術的安全管理措置は、次に掲げる事項を含まなければならない。

　　　︙

　②　個人データの管理区分の設定及びアクセス制御

　③　個人データへのアクセス権限の管理

　　　︙

（消去・廃棄段階における取扱規程）

7－5　金融分野における個人情報取扱事業者は、消去・廃棄段階における取扱規程において、次に掲げる事項を定めなければならない。

```
    ⋮
⑥   個人データへのアクセス制御
    ⋮
```

　このように、取得・入力段階、利用・加工段階、保管・保存段
階、移送・送信段階、消去・廃棄段階のいずれにおいても、アク
セス制御が求められています。

　そして、実務指針では、個人データへのアクセス制御として、
次に掲げる事項を定めることが望ましい、とされています。

```
①　入館（室）者による不正行為の防止のための、業務実施
　場所及び情報システム等の設置場所の入退館（室）管理の
　実施
　（例）入退館（室）の記録の保存
②　盗難等の防止のための措置
　（例）カメラによる撮影や作業への立会い等による記録又
　　　はモニタリングの実施
　（例）記録機能を持つ媒体の持込み・持出し禁止又は検査
　　　の実施
③　不正な操作を防ぐための、個人データを取り扱う端末に
　付与する機能の、業務上の必要性に基づく限定
　（例）スマートフォン、パソコン等の記録機能を有する機
　　　器の接続の制限及び機器の更新への対応
```

　また、個人情報保護委員会「個人情報の保護に関する法律につ

いてのガイドライン（通則編）」（2016年11月（2022年9月一部改正））では、「アクセス制御」および「アクセス者の識別と認証」として、以下のような例示がなされています（10-6）。

アクセス制御	・個人情報データベース等を取り扱うことのできる情報システムを限定する。 ・情報システムによってアクセスすることのできる個人情報データベース等を限定する。 ・ユーザーIDに付与するアクセス権により、個人情報データベース等を取り扱う情報システムを使用できる従業者を限定する。
アクセス者の識別と認証	（情報システムを使用する従業者の識別・認証手法の例） ・ユーザーID、パスワード、磁気・ICカード等

　保険代理店においても、上記の例をふまえた措置を講じる必要があります。

ケース（Ⅵ-2）　個人データへのアクセス制御の不実施

········ **課題事例** ···

　（支社展開をしている保険代理店において）ある支社の個人顧客情報について、他の支社からアクセスする（閲覧する）必要がないにもかかわらず、アクセスできる（閲覧できる）状態になっている。

··

【解　説】

　過去の金融検査事例で、「（システムリスク管理部門が）当該システムの個人データへのアクセスについて、業務の必要性に応じてアクセスレベルをコントロールする仕組みを整備しておらず、当該システムの個人データへのアクセスが可能な権限を、業務に必要のない者も含めて全職員に付与している」ことを問題として指摘したものがあります（2015年6月「金融検査結果事例集」92〜93頁）。このように、業務上必要のない者が、実際に当該個人情報にアクセスしていなくても、当該個人情報にアクセスできる（閲覧できる）状態になっていること自体が問題となります。

　支社展開をしている保険代理店において、ある支社の個人顧客情報について、業務上、他の支社からアクセスする（閲覧する）必要がないにもかかわらず、アクセスできる（閲覧できる）状態となっていれば、アクセス制限は不十分として問題とされますが、こうしたアクセス制限がなされていない保険代理店が散見されます。

　また、保険代理店業以外の他業を営んでいる保険代理店（兼業代理店）において、兼業分野専担の職員が、当該兼業業務上閲覧等の必要のない保険代理店業務における個人顧客情報にアクセスできる状況となっている場合も問題となりますが、こうしたアクセス制限がなされていない事例もみられます。

　保険代理店は、職員の権限や職制、業務上の必要性に応じて、顧客情報の取扱いに係るアクセス制限・アクセス管理を行う必要があります。

個人情報の持出し管理の不備

個人情報の持出しに関する規律

　実務指針７－２－１は、「利用・加工段階における取扱規程に関する組織的安全管理措置」には、「個人データの管理区域外への持出しに関する上乗せ措置」等を含まなければならないとしています。そして、実務指針７－２－１－１は、「個人データの管理区域外への持出しに関する上乗せ措置」として、「③個人データの管理区域外への持出しの対象となる個人データの必要最小限の限定」「⑤個人データの管理区域外への持出しに関する申請及び承認手続き」および「⑦個人データの管理区域外への持出し状況の記録及び分析」等を行う必要がある旨規定しています。

　したがって、(i)事務所外に持ち出す個人情報資料は必要最小限にとどめる必要があり、(ii)持ち出す際には、申請して承認を受け、(iii)持出し状況を記録に残す（注）必要があります。

（注）　どの顧客のいかなる資料等を持ち出したのかの記録がなされていないと、万が一、持ち出した資料等を紛失等した場合、それを追跡することができず、適切な顧客対応ができないケースが発生しえます。

ケース（Ⅵ－３－１）　事務所外に持ち出す個人情報を必要最小限にとどめていない事例（上記(i)に関する課題事例）

‥‥‥‥‥ **課題事例** ‥‥‥‥‥‥‥‥‥‥‥‥‥‥‥‥‥‥‥‥‥‥‥‥‥‥‥‥‥‥‥‥‥‥‥‥‥

　募集人が、（アポイントをとる可能性のある顧客への提案書等を持

ち歩くなどしており）常時数十件の個人情報を持ち出している、また、何日間にもわたって持ち出したままの状態になっている。

【解　説】

　保険代理店のなかには、募集人が、（アポイントをとる可能性のある顧客への提案書等を持ち歩くなどしており）常時数十件の個人情報を持ち出しているケースや、何日間にもわたって持ち出したままの状態になっているケース（注）がみられますが、こうした状態が、真に必要最小限にとどめているといえるのか、検証する必要があります。

（注）　たとえば、2日間以上持出しを行うような場合には、その具体的な理由・必要性を慎重に確認することが考えられます。

(**ケース（Ⅵ-3-2）**)　**個人情報持出しの申請・承認手続を設けていない事例**（上記(ii)に関する課題事例）

┄┄ **課題事例** ┄┄┄┄┄┄┄┄┄┄┄┄┄┄┄┄┄┄┄┄┄┄┄┄┄┄┄

　個人情報資料の持出しの際の申請・承認の手続を設けていない。

【解　説】

　個人情報資料の持出しの際の申請・承認の手続を設けていない保険代理店が散見されます。

　なお、申請先・承認者を個人情報管理責任者に限定すると、当該責任者が不在の場合、申請・承認ができず、持出しができないケースが生じえます。こうした場合には、当該責任者でなくと

も、当該持出者以外の者を申請先・承認者とすることで対応することも可能であると考えます。

ケース（Ⅵ-3-3） 個人情報の持出しを記録していない事例（上記(ⅲ)に関する課題事例）

········ **課題事例** ··

個人情報資料の持出しの際に、持出し記録簿に記録していないケースが散見される。

··

【解　説】

個人情報資料の持出しの際、持出し記録簿に記録する（持出し日時、相手先（顧客名）、持出し書類（どの保険会社のどの書類か）を記入・チェックする等）とのルールになっているにもかかわらず、これが遵守されていないケース（記入もれ・チェックもれがある、また、具体的にどのような資料を持ち出したのかが不明確であるなど）が散見されます。

コラム **パスワードの設定と情報漏えい**

「個人データ」が記録された電磁的記録媒体が盗難された場合、その電磁的記録媒体にパスワードが設定されていても、「個人データ」の「漏えい」に当たります。「金融機関における個人情報保護に関するQ&A」（2023年3月）では、「『個人データ』が記録された電磁的記録媒体が盗難された場合、

『個人データ』の『漏えい』に当たります。これは、電磁的記録媒体にパスワードを設定していた場合も同様です」との見解が示されており（問V−I（答）④）、留意が必要です。

 ## 4 オンライン募集に関する社内ルールの未策定

ケース（VI−4）　オンライン募集に関する社内ルールの未策定

········ **課題事例** ···

オンライン募集を行っているが、オンライン募集に関する社内ルールを策定していない。

··

【解　説】

近時、オンラインツール（Zoom、Webex、Teams等）を活用した募集も増加していますが、オンライン募集には、募集管理面・セキュリティ面等で対面募集とは異なる特有のリスクがあります。それにもかかわらず、オンライン募集に関する社内ルールを策定しないままになっている保険代理店が少なくありません。

保険代理店は、たとえば、以下のような項目を盛り込んだ社内ルールを策定する必要があります。

▼オンライン募集に関するルールの項目例

○保険募集管理

- ・顧客との間で、互いの容姿が画面に鮮明に映っていること、および、互いの音声が鮮明に聞こえていることを、事前に相互に確認する。
- ・商品説明資料等を画面で共有するなどして、顧客が実際に当該資料を読んでいることを、画面を通じて確認する。
- ・顧客が必要書類に署名または押印をする際には、実際に顧客自身が署名または押印をしているのかを画面を通じて確認する。
- ・以下の項目を会社所定の帳票に記録化する（メール・チャット等で顧客とやりとりをした場合は、当該メール・チャットを、会社システムの所定の箇所に保存する）。

> ・顧客とのやりとりの内容（意向把握、比較推奨。日時、開始時刻・終了時刻を含む）
> ・使用した資料がある場合は、その資料名
> ・使用したオンラインツールの名称（Zoom、Webex、Teams等）

○情報セキュリティ管理

- ・使用するタブレット端末またはノートパソコン（業務用端末）には、会社貸与のものを使用する。会社が事前に許可した場合を除き、私用のタブレット端末またはノートパソコンの使用は禁止する。
- ・業務用端末には、会社から業務用に支給されたアプリケーション以外はダウンロードおよびインストールしない。
- ・業務用端末を使用する前に、毎回、ウイルス対策ソフトについて、有効期限切れでないこと、および、最新のパターンフ

ァイル（ウイルスチェックリスト）に更新されていることを確認する。

・業務用端末は会社の業務以外の目的に使用しない。

・業務用端末の使用は当該役職員限りとし、複数人（家族を含む）や別アカウントで共用・共有することは禁止する。

・業務用端末では、スマートフォンの充電をしない。
 ※接続した機器からマルウェア（ウイルス）に感染するおそれがある。

・フリーWi-Fiの使用は禁止し、原則として、社内Wi-Fiまたは会社貸与のモバイルルータを使用する。やむをえず自宅のWi-Fiルータまたは私用のモバイルルータを使用する場合には、事前に責任者に申請して許可を得る。自宅のWi-Fiルータまたは私用のモバイルルータを使用する際は、ファームウェアを最新のものにアップデートする。また、SSID（アクセスポイント名＝AP名）に、個人が特定される名前などは設定しない。

・持込み機器を社内ネットワークに接続する必要がある場合は、責任者に事前に申請し、許可を得る。

・業務用端末がマルウェア（ウイルス）に感染した場合、または、そのおそれがあると感じた場合は、直ちに責任者に報告する。

・会社指定のオンラインツール（Zoom、Webex、Teams等）以外の使用は禁止する。

・オンラインツールを利用する際には、顧客ごとにパスワードを設定する。

・オンライン面談の際にも機密情報の漏えいに留意し、機密性の高い文書や業務情報が映り込んだり、業務情報がマイクから流れたりすることがないように、実施場所や設定に注意する。

・資料等を画面共有する際に、デスクトップ画面やメール画面等が映り込まないように注意する。

VII

外部委託管理態勢

1 外部委託先選定基準の不備

ケース（Ⅶ－1） 外部委託先選定基準の不策定

········ **課題事例** ········

外部委託先の選定基準を策定していないまま、業務の外部委託を行っている。

【**解　説**】

外部委託先の選定基準を策定していないまま、業務の外部委託を行っている保険代理店がみられますが、選定基準がないと、外部委託先の審査が不十分となり、求めている水準の業務・サービスの提供を受けられないなど、トラブルにつながるおそれがあります。

外部委託先の選定基準としては、以下のような項目等が考えられます。

> 経営状態、関連企業、役員、取引先、信用度、要員数、技術力、作業実績、設備、処理能力、安全対策の状況、情報管理の状況（情報管理規程の整備の状況、情報管理の責任部署の整備の状況（注）等）、費用

（注）　実務指針6－1～6－1－2によると、外部委託先の選定基準として、次の事項を定めることが必要です。

① 委託先における個人データの安全管理に係る基本方針・取扱規程等の整備（委託先における個人データの安全管理に係る基本方針の整備、委託先における個人データの安全管理に係る取扱規程の整備、委託先における個人データの取扱状況の点検及び監査に係る規程の整備、委託先における外部委託に係る規程の整備）

② 委託先における個人データの安全管理に係る実施体制の整備（組織的安全管理措置、人的安全管理措置、物理的安全管理措置、技術的安全管理措置、技術的安全管理措置及び「金融分野における個人情報保護に関するガイドライン」第8条第6項の外的環境の把握に記載された事項（注）、委託先から再委託する場合の再委託先の個人データの安全管理に係る実施体制の整備状況）

（注）「金融分野における個人情報保護に関するガイドライン」（2023年3月）第8条第6項：この条における「外的環境の把握」とは、外国において個人データを取り扱う場合に、当該外国の個人情報の保護に関する制度等を把握することをいう。金融分野における個人情報取扱事業者は、外国において個人データを取り扱う場合には、外的環境を把握した上で、個人データの安全管理のために必要かつ適切な措置を講じなければならない。

③ 実績等に基づく委託先の個人データ安全管理上の信用度

④ 委託先の経営の健全性

外部委託先との契約における反社会的勢力排除条項の不備

ケース（Ⅶ-2）　外部委託先との契約における反社会的勢力排除条項の未規定

.... **課題事例** ....

　外部委託先との契約において、反社会的勢力排除の条項が規定されていない。

....

【解　説】

　反社会的勢力を社会から排除していくことは、社会の秩序や安全を確保するうえできわめて重要な課題であり、反社会的勢力との関係を遮断するための取組みを推進していくことは、企業にとって社会的責任を果たす観点から必要かつ重要なことです。保険会社・保険代理店自身やそれらの役職員のみならず、顧客等のさまざまなステークホルダーが被害を受けることを防止するため、反社会的勢力を金融取引から排除していくことが求められます。もとより保険会社・保険代理店として公共の信頼を維持し、業務の適切性および健全性を確保するためには、反社会的勢力に対して屈することなく法令等に則して対応することが不可欠であり、保険代理店においても、「企業が反社会的勢力による被害を防止するための指針について」（2007年6月19日犯罪対策閣僚会議幹事会申合せ）の趣旨をふまえ、平素より、反社会的勢力との関係遮断に向けた態勢整備に取り組む必要があります（監督指針Ⅱ-4-9-1参照）。

外部委託先との契約において、反社会的勢力排除の条項（「暴力団排除条項」とも呼ばれます）が規定されていないケースが散見されますが、この場合、外部委託先が反社会的勢力に該当することが判明した場合等に、契約を解消することが困難となる場合もありますので、同条項を規定することが必要です。

反社会的勢力排除条項の例としては、以下のような内容が考えられます。

第●条（反社会的勢力の排除について）

1　甲および乙は、現在、暴力団、暴力団員、暴力団員でなくなった時から5年を経過しない者、暴力団構成員、暴力団関係企業、総会屋等、社会運動等標ぼうゴロまたは特殊知能暴力団等その他これらに準ずる者（以下、これらを「暴力団員等」という）に該当しないこと、および次の各号のいずれにも該当しないことを表明し、かつ将来にわたっても該当しないことを表明し、保証する。

①　暴力団員等が経営を支配していると認められる関係を有すること。

②　暴力団員等が経営に実質的に関与していると認められる関係を有すること。

③　自己または第三者の不正の利益を図る目的または第三者に損害を加える目的をもってするなど、不当に暴力団員等を利用していると認められる関係を有すること。

④　暴力団員等に対して資金等を提供し、または、便宜を供与するなどの関与をしていると認められる関係を有す

ること。

⑤　役員または経営に実質的に関与している者が暴力団員
等と社会的に非難されるべき関係を有すること。

2　甲および乙は、自らまたは第三者を利用して次の各号の
いずれかに該当する行為を行ってはならない。

①　暴力的な要求行為

②　法的な責任を超えた不当な要求行為

③　取引に関して、脅迫的な言動をし、または、暴力を用
いる行為

④　風説を流布し、偽計を用いまたは威力を用いて相手方
の信用を毀損し、または、相手方の業務を妨害する行為

⑤　その他前各号に準ずる行為

3　甲および乙は、相手方が第1項のいずれかに違反すると
疑われる合理的な事情がある場合には、当該違反の有無に
つき、相手方の調査を行うことができ、相手方はこれに協
力するものとする。また、甲および乙は、自己が、第1項
のいずれかに違反し、または、そのおそれがあることが判
明した場合には、相手方に対し、直ちにその旨を通知する
ものとする。

4　甲および乙は、相手方について、第1項各号の表明が事
実に反することが判明したとき、相手方が、第1項各号の
確約に反して、同項各号のいずれかに該当したとき、相手
方が、第2項各号の確約に反して、同項各号のいずれかに
該当する行為を行ったとき、または相手方が第3項に違反
した場合は、相手方の有する期限の利益を喪失させ、ま

た、通知または催告等なんらの手続を要しないで、直ちに本契約を解除することができるものとする。

5　甲および乙は、前項に基づく解除により解除された当事者が被った損害につき、いっさいの義務および責任を負わないものとする。

3 外部委託先に対するモニタリングの不備

ケース（Ⅶ－3）　外部委託先に対するモニタリングの不実施

········ 課題事例 ········

外部委託先が、当該保険代理店との間で締結した契約書に記載の禁止事項に抵触していないか、また、遵守事項を遵守しているかについて、当該保険代理店はモニタリングを行っていない。

【解　説】

保険業法施行規則227条の11は、「保険募集人又は保険仲立人は、保険募集の業務を第三者に委託する場合には、当該委託した業務の実施状況を定期的に又は必要に応じて確認し、必要に応じて改善を求めるなど、当該業務が的確に実施されるために必要な措置を講じなければならない」と規定しており、外部委託先における委託業務の実施状況を「定期的に又は必要に応じて確認し、必要に応じて改善を求める」ことが必要です。しかし、このような外部委託先に対するモニタリングを行っていない保険代理店が

散見されます。

　モニタリングの方法としては、以下のようなものが考えられます。

○オフサイト・モニタリング

　　以下のような方法で、外部委託先に対する業務状況の報告徴求を行う。

　・外部委託先から業務報告書を提出させる。

　・外部委託先にチェックリストを交付して、チェックや「○」「×」をつけさせる。

○オンサイト・モニタリング

　　外部委託先の事務所等への立入監査を行う。

【著者略歴】

吉田　桂公（よしだ　よしひろ）

のぞみ総合法律事務所　パートナー弁護士
CIA（公認内部監査人）、CFE（公認不正検査士）、MBA（経営修士）

2002年11月司法試験合格、2003年3月東京大学法学部卒業、2004年
10月のぞみ総合法律事務所入所。2006年4月〜2007年3月日本銀行
出向、2007年4月〜2009年3月金融庁出向（検査官として、金融機
関の立入検査の業務等に従事）、2009年4月のぞみ総合法律事務所
復帰。2018年12月一般社団法人日本損害保険代理業協会アドバイ
ザー就任。2023年3月中央大学ビジネススクール卒業。
主要取扱業務は、金融レギュレーション対応（保険業法、銀行法、
金融商品取引法等）、内部監査支援、企業のコンプライアンス態勢
構築支援、訴訟・金融ADR対応、調査委員会活動等。保険会社（生
保、損保）、保険代理店、保険仲立人、銀行等のコンプライアンス
態勢（内部規程、組織体制等）の構築支援等を多数手がける。

保険代理店の内部監査事例

2023年6月30日　第1刷発行

　　　　　　　　　　著　者　吉　田　桂　公
　　　　　　　　　　発行者　加　藤　一　浩

〒160-8519　東京都新宿区南元町19
発　行　所　一般社団法人 金融財政事情研究会
出　版　部　TEL 03(3355)2251　FAX 03(3357)7416
販売受付　TEL 03(3358)2891　FAX 03(3358)0037
　　　　　　URL https://www.kinzai.jp/

校正：株式会社友人社／印刷：三松堂株式会社

ISBN978-4-322-14344-7

.